Hartmut Rosa | Wolfgang Endres

Resonanzpädagogik

Wenn es im Klassenzimmer knistert

共鸣教育学

〔德〕哈特穆特·罗萨
〔德〕沃尔夫冈·恩德雷斯
著

王世岳
译

上海人民出版社

与世界逐步建立关系，与世界融合，同样也发生在学校的学习世界中。

目录

译者序：让学生的眼睛焕发光芒 ——罗萨的共鸣教育学及其应用[*]

"老师，我最近有点抑郁……"，作为教师，在学校中常常会听到学生的抱怨。绩点、论文、评奖评优、保研、就业……学校已经变成了一个竞技场，无论你是否愿意，都被裹挟其中参与竞争。在学校的每个角落，每个人似乎都面对着各种困难与挑战。向其他人求助尚且是一种主动出击，然而更多的学生则默默退守到一个"无声"的世界，不再愿意聆听世界的召唤，也不愿发出自己的声音，成为校园中的"边缘人"。

在德国社会学家罗萨（Hartmut Rosa）看来，沉默以及更为激烈的排斥体验，都意味着校园中充斥着

* 本文刊载于《江苏高教》2025 年第 5 期。

异化关系。种种异化关系，会耗竭校园中个体的生命力，让孩子们的眼中失去光芒。为了创造良好的校园生活，以"共鸣"理论闻名于世的罗萨构建起了"共鸣教育学"，重新理解教育的发生过程。罗萨希望他的"共鸣教育学"可以成为共鸣指南针，让校园重新具有吸引力，赋予人们实现良好生活的力量。

一、何谓"共鸣"：与世界对话

顾名思义，共鸣是一种声学现象，也常被用于描述人们的心理感受。我们不难想起在我们欣赏一首歌曲，观看一部电影，看到一处美景，听到一节喜爱课程，乃至遇到自己心爱之人时的心动感觉，这些都是共鸣的表征。在这一刻，人与世界相"融合"（Anverwandlung）。"融合意味着接受事物的方式，即使它并不属于我，但它生动地触动了我，甚至倾向于改变我。仅仅获得东西是不够的，要掌握它，和它交流。当我能够为之发声的时候，我就和它融合了。"① 罗萨将这一过程简要地概括为"让主体与世界对话"（Welt für die Subjekte zum Sprechen bringen），如果我们听到了世界的声音，又发出了自己的声音，那就可以视为产生了"共鸣"。

共鸣不是回声，需要不同主体发出各自的声音，这就要求主体"找到自己"。如果每个人都去想和去说同样的事，那就不是共鸣，而是空洞的回声。以工作会议为例，如果会议参加者仅仅被动接受了来自领导者的安排而未提出个人见解，这一过程虽然看似高效，实则参加者并没有真正参与到活动之中；在另一个场景中，会议参加者能提出不同的看法，这就建立起了回应关系。在回应过程中，外部的刺激与我们的回答共同构成了我们自己。与此同时，主体的回应不仅丰富了个体自身，也会重新塑造世界。

因此共鸣关系必然是一种回应关系（Antwortverhältnis）。"一个声音必须允许反驳，否则就没有自己的声音，没有自己的声响。我的声音必须与另一个

① Hartmut Rosa, Wolfgang Endres, *Resonanzpädagogik*, Weinheim: Beltz Verlag, 2016: 16–17.

声音相遇，否则就不会有共鸣。"① 共鸣关系的建立不能仅仅依靠单方面的给予，还需要主体共同参与，否则就无法产生共鸣。多种声音的并存，意味着主体之间并不拘泥于单一和谐的追求，即便是主体间的矛盾、分歧，甚至是激烈的争论，都是主体被触动的表现。

共鸣体验不会凭空出现，也不会仅仅停留于个人的内心世界。眼神里焕发出的光芒，肌肤上泛起的鸡皮疙瘩，乃至皮肤电阻的波动、呼吸频率的加速和神经元活动的增强，这些都被罗萨视为共鸣的表征。我们不难想见，当邂逅心仪之人、聆听动人旋律时的反应。同样，在课堂上亦是如此，学生们"小脸红扑扑，小眼睛看老师"，恍然大悟时的"啊……哈……"，都是"教室里擦出的火花"，是共鸣正在发生的标志。罗萨将人的眼睛视为"共鸣窗口"，通过眼睛，"人们可以看到一个人当前的世界关系是如何构建的。在眼睛发光的地方，在眼睛最

---

① Hartmut Rosa, Wolfgang Endres, *Resonanzpädagogik*, Weinheim: Beltz Verlag, 2016: 32.

明亮的地方，世界关系就会液化，有时会以眼泪的形式。世界关系的液化就是融合的开始。"①

　　情绪同样可以反映共鸣关系，不感兴趣和无精打采是关系僵化的标志。与之相对应，笑声如同解冻的春风，是僵化得以消融的直接情绪外显。"笑是双方共鸣倾向的信号。当一位老师以愉快的微笑或出声的大笑迎接他的学生时，他会找到适合他学生的一根共鸣轴。"② 当然，共鸣的表达形式丰富多样，笑只是其中之一，哭同样是共鸣关系的表征。罗萨将共鸣关系比喻成世界关系的液化，"眼泪意味着僵化的事物逐渐松弛，事物具有了流动性，变得可以振动——我们通过眼泪可以看到其他东西。眼泪确实是世界条件产生流动的强有力指标。眼泪是一个迹象，代表着我们被触碰，这一刻，共鸣时刻发生了——无论我们是在痛苦中哭泣，还是在喜悦中笑着流泪。"③ 含蓄的情感表达已经足以表现共鸣，但是

---

① Hartmut Rosa, Wolfgang Endres, *Resonanzpädagogik*, Weinheim: Beltz Verlag, 2016: 126.

② Ibid., p. 108.

③ Ibid.

更为清晰和理性的表达方式则是"言说"。人们在体验到共鸣之后，可以借助语言和文字的桥梁，表达自己的内心感受，与其他主体分享、交流，并"为世界发声"。

罗萨认为，如果我们和某个人或某种事物产生共鸣，便在彼此间拉起了"共鸣线"。若这种关系能够持续地让主体反复体验到共鸣，那么在主体之间就形成了一条"共鸣轴"。每个人拥有的共鸣轴各不相同，这条共鸣轴既可以出现在人与人之间，也可以出现在人与物之间。罗萨将共鸣轴分为三类，其中包括人与人之间的"水平共鸣轴"，如师生关系和生生关系；具有超越性的"垂直共鸣轴"，例如人对于"山呼海啸"的感知；第三种是"对角共鸣轴"，发生在人与物之间，例如教师与教材、学生与教材之间的情感联结与知识共鸣。① 共鸣与教育之间存在着紧密而深远的内外联系，对外而言，教育能够帮助人们"探索世界"，促进个体与世界建立共鸣关

① Hartmut Rosa, *Resonanz: Eine Soziologie der Weltbeziehung*, Berlin: Suhrkamp, 2016: 297.

系；而在教育内部，则要寻求"教师—学生—教材"三者间两两呼应的共鸣三角。

对于教学而言，共鸣像一个能量满满的加油站，能够激发学生自主学习的热情，不断为学生提供继续学习的内在动力。如果学习过程中的成功不能被感知和庆祝，仅仅被视为无尽学习链条上的一环，那么，学习主体就会渐生倦怠，使共鸣轴陷入沉寂。"当谈到自我效能的概念时，区分它的两种类型非常重要：其中一种是掌握、操纵或工具性的达成。比如我既可以把能力视为落实一件事，也可以将之视为以我的意义来操纵（manipulieren）某件事。但这还不是我所说的共鸣，不是对共鸣敏感的自我效能。"[1]共鸣体验能够帮助人们减少对于外部激励的依赖，实现一种"不用勉强"（Anstrengungslosigkeit）的学习状态。"这种'不用勉强'的特征是没有自我强迫。当我们倾听一个与我们产生共鸣的人的声音时，不必刻意强迫自己集中注意力，思维也不会开

---

[1] Hartmut Rosa, Wolfgang Endres, *Resonanzpädagogik*, Weinheim: Beltz Verlag, 2016: 57.

小差"①，继而促使我们自然而然地沉浸于学习与探索之中。对于学生而言，获得共鸣关系的意义在于个人可以从中获得源源不断的内在动机。由此，避免了仅仅依赖家长和教师提供的"外部动机"而可能导致的动力枯竭。

二、学校与制度化的"异化空间"

尽管作为共鸣空间的学校具有强大的吸引力，但值得注意的是，学校并非天然地就是一个"人人互敬互爱的乌托邦"②。在学生—教师—教材三者之间，可能会出现"沉默"或"排斥"的异化现象。罗萨认为这样的情况并非偶然，以知识和能力的化用作为目标，会让学校制度化为"异化空间"。共鸣教育学对于共鸣关系的追求隐含着对于能力导向和知识导向的教育模式的批判。《共鸣教育学》引用了

---

① Hartmut Rosa, Wolfgang Endres, *Resonanzpädagogik*, Weinheim: Beltz Verlag, 2016: 48.

② Ibid., p. 50.

德国人民研究基金（Volkes-Studienstiftung）主席杰拉德·罗特（Gerhard Roth）对"应试教育"的批判："只有在离开学校五年后，学生仍能够掌握的知识才真正有意义——但这就意味着现在学校系统的绩效正在趋近于零。"[①] 当教育的目的是掌握知识和能力时，就不可避免地开始"学习"加速，而速成的结果必然是"其去之必速"。考试一旦结束，似乎就没有什么知识真正留在学生身上了。

不仅教育的结果无法让人满意，过程也同样令人生疑。罗萨认为，一旦教育的目的是积累资源和能力，是为了拥有更多的健康、更多的关系、更多的知识或更多的金钱，教育的发生就会变成校准（Abrichtung），甚至是矫正（Austreibung）的过程。"其中就包括了操纵性的、'伪装'的关系形式"[②]。但是操控性的教育关系，并不总能带来良好的教育效果，有时甚至会导致与期待截然相反的结果。

[①] Hartmut Rosa, Wolfgang Endres, *Resonanzpädagogik*, Weinheim: Beltz Verlag, 2016: 128.

[②] Ibid., p. 42.

（一）以"化用"为目标

在罗萨看来，学校之所以会成为一个"异化空间"，其底层逻辑是学校的教育教学将"知识"和"能力"作为目标。正是人们对物质，以及对能力和知识物质般的"化用"（Aneignung），才使得人与世界之间的关系产生了异化。化用一词派生于德文的"自我"（eignen），"据为己有"与德文原文更为贴切，其本意包括占据、学习吸收和掌握运用。但是罗萨对于"化用"秉持批判态度："我将化用理解为渴望拥有（haben）一件东西：看，我现在拥有了它。这样我就获得了技能……我可以支配一种资源——也许是一种知识资源或一种物质资源——我可以工具性地利用这些资源。"[①]

但是"资源拜物教"并不能让生活真的更加美好。"纯粹的化用只意味着吞并（einverleiben）、控

---

① Hartmut Rosa, Wolfgang Endres, *Resonanzpädagogik*, Weinheim: Beltz Verlag, 2016: 17.

制或支配。"① 化用让人们将对于关系的渴望变成了对物质或者能力的追求。人们甚至会认为人与人之间的关系也要建立在物质基础上："为了拥有更多的朋友、真正的朋友，为了改善和朋友的关系……也许我应该有某个品牌的衣服？我应该化妆，以显得更有吸引力，或者是做其他外表上的改变？"② 但是罗萨认为我们高估了物质和占有。"人们认为，如果有更多的钱、更大的房子、更好的车，别墅、游艇或其他好东西，他们会过得更好。但是关于幸福的研究表明，事实并非如此。每个得以实现的愿望都会引发下一个愿望。"③ 与之类似的是，对于能力和知识的"化用"同样会成为一种操纵性的关系，这种关系促使学生过分警惕于对错误的防范，并在学校之中形成竞争的氛围。

（二）对错误的防范

罗萨认为，建立在能力导向上的对错模式形塑

---

① Hartmut Rosa, Wolfgang Endres, *Resonanzpädagogik*, Weinheim: Beltz Verlag, 2016: 124.
② Ibid., p. 97.
③ Ibid., pp. 97, 98.

了当下的学校教育。当考试分数成为学校中的唯一评价标准，那些本应勇于探索未知世界的学生，便无形之中被剥夺了犯错的权利与空间。"如果你犯了很多错误，就会得到一个糟糕的分数。"[1]如果一个人被认为有"错"，那么这种判定不仅否定了他的行为，甚至可能否定了学生自身存在的基础。于是，对学生的"反馈"便悄然转变为对学生自身价值的评判。趋利避害让学生处于评价权力的宰制之下。为了不犯错，学生只能依据既定的标准要求自己，继而将自己置于规训之下。"我们的学习过程实质上对我们的世界产生了强制性，甚至催生了暴力和牺牲。"[2]

为了防止错误，本该是探索世界的教育就变成了模仿，继而让学习者失去了探索的兴趣。"相当多的儿童和年轻人直观地认为，一个世界是完整的，原则上也是完全可复制的。教育对他们而言是一种

---

[1] Hartmut Rosa, Wolfgang Endres, *Resonanzpädagogik*, Weinheim: Beltz Verlag, 2016: 82.

[2] 郑作彧：《化用的生活形式，还是共鸣的世界关系？——批判理论第四代的共识与分歧》，《社会科学》2021 年第 3 期：53—67。

俗套（Trivialisierung）和强加，他们已经失去了兴趣。他们错过了与世界的对话关系，也错过了与他们的对话。他们厌倦了现实的单一意义。"[1]

学习本身是一种极具个体化特征的活动，但是如果学习只是模仿，那么学习的过程就将被训练取代。"在前工业时代，'练习'同时意味着'重复'和'变化'。这种变化取决于个人，总是从每个人独有的时刻开始，但是练习的过程被工业逻辑缩短了。重复成为练习的唯一意义。在拷贝面前，共鸣似乎是多余的、破坏性的、没有目标的。"[2]

（三）竞争机制

在"应试教育"的规训之下，分数成为衡量成功与否的标志。但是学校中的考核与排名是一个"零和博弈"，这就让学校成了一个充满竞争的体系。"在比赛中，失误当然是致命的。分数也是一个竞争

---

[1]　Hartmut Rosa, Wolfgang Endres, *Resonanzpädagogik*, Weinheim: Beltz Verlag, 2016: 82.

[2]　Ibid., p. 139.

系统。如果你犯了很多错误，你就会得到一个糟糕的分数……分数属于竞争模式和竞赛模式，这种模式与共鸣模式并不协调。"①

"要么与人竞争，要么产生共鸣。"② 罗萨认为对于"正确"的追求导致了学校中的竞争文化。"人们总是寻求承认，害怕被忽视。这是我的老师阿克塞尔·霍耐特（Axel Honneth）的一个基本观点。我坚信这一假设是正确的。课堂上发生的是一场争取认可、欣赏、被人看到的斗争，还有对被伤害的恐（Furcht）和惧（Angst）。也许'伤害'这个词也不合适，因为它更多指的是心理伤害。但被忽视，被重置，这就是恐惧的基础。几乎所有人，尤其是儿童和青少年，都有一种根本的生存恐惧，就是害怕自己有欠缺，做得不够好，甚至认为自己存在在这个世界上就是个错误，他们害怕自己本质上不够好。反馈越是强烈，就越接近本质。"③

---

① Hartmut Rosa, Wolfgang Endres, *Resonanzpädagogik*, Weinheim: Beltz Verlag, 2016: 82.
② Ibid., p. 83.
③ Ibid., p. 68.

当学生视其他人为竞争对手时，他们就无法建立共鸣关系。他不想被触碰，更不想被伤害。在这样的竞争环境中，孩子们饱受对失败的恐惧，经历着羞辱和排斥，有时甚至在生理上体验到厌恶……如果这种情况发生在学校，学校就会成为一个"冷漠"乃至"排斥"的空间。在这个"冷漠"的空间之中，学校里发生的一切都与学生没有任何关系，老师和同学对"我"视而不见。"排斥"则把学校变成了一个战场。"我感受到了课堂上的敌意。教室里沉闷得好像要发霉。如果人们觉得整个空间都对他充满敌意，可能会伤害他，他便要与之对抗、进行防御。"[1]

三、共鸣教育学：在课堂上碰撞出火花

如果教育的目标既非对知识和能力的掌握，也非将人异化成为工具，那么教育还能发挥怎样的功能？

---

[1] Hartmut Rosa, Wolfgang Endres, *Resonanzpädagogik*, Weinheim: Beltz Verlag, 2016: 37.

从关系社会学的视角出发，罗萨重新定义了教育目的。在他看来，教育就是"探索世界"（Welterschließung），与世界"逐步建立关系"（in-Beziehung-treten）。我们接受教育，是"为了找出世界上哪些地方、哪些人、哪些部分、哪些文化事物可以吸引我们，可以让我们发出声音"①，即引发我们与世界的"共鸣"。因而罗萨将共鸣教育学视为"指南针"，帮助人们在生活世界中寻求更多的共鸣。"简言之，重新思考教育过程、更好地理解共鸣轴心以及为之引导的共鸣指南针是一个综合概念，我称之为共鸣教育学的定向（Ausrichtung）。"② 因此，在共鸣教育学中，我们可以看到教育的"内外共鸣"：一方面是外部的共鸣关系，即教育帮助主体与世界建立起共鸣关系；另一方面是教育内部的共鸣关系，即教师、教材和学生三者之间的共鸣关系。在共鸣关系之中，每个学生都像是一棵可以开花的"仙人掌"。每个学生都可以被触动，并与

---

① Hartmut Rosa, Wolfgang Endres, *Resonanzpädagogik*, Weinheim: Beltz Verlag, 2016: 97.

② Ibid., p. 21.

世界产生融合，引发共鸣。当然，学生之间各有不同。即使在同一个教室之中，有的学生已经跃跃欲试，有的学生还在"含苞待放"。共鸣教育学就是"让这些困难的案例开花结果"，教育正是要"静待花开"。

（一）学生：开放与自信

想要获得共鸣，个人需要保有信心，即共鸣的效能感。人们只有感觉到自己可以触及并影响某件事或某个人时，才会与对象产生深层次的融合与共鸣。罗萨将共鸣关系比喻成桥梁："桥梁的重要之处在于它可以承载压力。任何想使用它的人都必须能够相信它能坚持住，通过它能够安全地到达对岸。"[①]同时，作为共鸣必要条件的信心会随着共鸣关系的建立不断增强，"给予信任让接受者有了责任感，也证明了这种信任的合理性。被给予者感觉得到了肯定，双方的信任继续增长"[②]。

---

① Hartmut Rosa, Wolfgang Endres, *Resonanzpädagogik*, Weinheim: Beltz Verlag, 2016: 94.

② Ibid., p. 88.

之所以需要信心，是因为在建立共鸣的过程中人们需要开诚布公，面对真实的世界和自我。处于共鸣之中，并不意味着总是能够获得正向的反馈，相反地，他们还需准备好面对随之而来的负面评价乃至伤害。因此，共鸣中的主体应该具有实事求是的态度，才能在共鸣中如实地讨论哪些事情做得好，哪些事情做得不好。甚至因为在共鸣之中需要保持开放，所以人们甚至还更容易得到负面评价，并可能因此受到伤害。这就预示着，"共鸣中的存在"（In-Resonanz-Sein）需要主体做好受伤的准备。具备了建立共鸣关系的信心，保持着对世界的开放，主体就具有了共鸣倾向。因此，共鸣中的主体所拥有的共同特征是："愿意参与共鸣关系，以开放和自信的态度面对世界，并接受必要的脆弱性。"[①]

无论是褒奖抑或批评，只有真实的评价，才能引发"共鸣"。不切实际地一味赞扬，反而可能阻碍共鸣关系的建立。罗萨认为，谬赞已经滋养起西方

---

① Hartmut Rosa, Wolfgang Endres, *Resonanzpädagogik*, Weinheim: Beltz Verlag, 2016: 124.

社会（乃至全世界）的通病——"自恋"。在一个处处充满虚假吹捧的社会之中，人们关心的问题常常只是："我是否给他人留下了深刻的印象？我是不是很棒？我的技术掌握得多好？我很棒吗？"① 这样的情绪弥漫在教育领域，就成了所谓的"夸赞教育学"（Kuschelpädagogik）。但是罗萨认为，西方世界傲慢的外表之下是自卑情结的焦虑，人们追求的通常只是与自身并不相符的假象，显然无法得到真正的共鸣。

如果教育是对世界的探索，那么教材就是这广阔世界的一扇窗。教学则是打开这扇窗的钥匙，它让教材变得鲜活，与学生的经验相互融合。学生体验到的教材也会在教育过程中发生变化。学生在与教材的深度融合中，不仅自身经历着蜕变，更成为传递教材中世界之声的代言人。罗萨以"劈柴"比喻这段探索世界的过程：在砍伐树木的过程中，人们会发现树干里有纹路。探索树木的过程就是人与树木建立关系的过程，人们亲身体验了世界的一部

---

① Hartmut Rosa, Wolfgang Endres, *Resonanzpädagogik*, Weinheim: Beltz Verlag, 2016: 71.

分。[①] 在这样的探索过程中，人对世界的认识发生了改变，而作为世界一部分的树木也发生了物理形态上的改变。

（二）教师：共鸣关系的定音叉

在共鸣教育学之中，学生是学习的主体，但是主体有自己的局限，学生通常只会在熟悉的圈子和关系中活动。教师的责任就是引导学生触碰广阔的世界，激发学生与新世界的共鸣。在这一过程中，教师就像定音的"音叉"：他与教材和学生建立共鸣，继而"轻推有细微冲动的人做某事，引导他们走上正确的道路"[②]。

为了引发学生和教材之间的共鸣，教师需要建立与学生的共鸣。所以教师必须而且能够在课堂上不断建立关系，以触碰到学生。于是，教学法就在学生与教材、教师与学生之间建立起关系桥梁。有

---

① Hartmut Rosa, Wolfgang Endres, *Resonanzpädagogik*, Weinheim: Beltz Verlag, 2016: 95.

② Ibid., p. 63.

了共鸣，"即使面临深渊，在真空的空间内也能建立联系"①。这就意味着学生即使缺乏基础知识，缺乏对自己的信任和对世界的信任，也依然能够在教师的帮助下与教材产生共鸣。"如果老师进入教室时，让自己无法教学，甚至无法接触到学生，他就不会成功。演讲者（教师需要经常交谈）必须有一个明确的期望，即他有重要的话要说，这是很重要的。他所说的应该能被感知到。这就是教材的轴心。"②

"教师的任务是增强教材，让教材说话，让教材开始呼吸和生活。"③ 为了引发学生与教材之间的共鸣，教师首先要与教材产生共鸣。教师是意义的传达者，在教学过程中，教师需要向他的学生解释为什么要学习这样的教材。恰如赫尔曼·黑塞所言："我们要求生活必须有意义，但它只有在我们自己能够给予的范围内才有意义。"④ 因而教师的"先行"意

---

① Hartmut Rosa, Wolfgang Endres, *Resonanzpädagogik*, Weinheim: Beltz Verlag, 2016: 94.
② Ibid., p. 46.
③ Ibid., p. 48.
④ Ibid., p. 59.

义在于向学生展示所学内容的意义。

值得注意的是，激发学生与教材之间的"共鸣"，并不意味着教师需要成为"教材权威"。罗萨特别反对灌输式教学（Frontalunterricht）：既然共鸣需要双向奔赴，那么共鸣关系既包括"说"，更包括"听"，即双方要保持对话和沟通。他认为传统的讲授（Vermittlung）把学校变成一个磨坊，教材被研磨得很精细，精细到变了味道。因此，教师讲授教材只能扩大可以接触的范围，提升学生的能力，但是不能替代学生为教材发声。追求共鸣需要开放式课堂和自主学习，其核心就是要让学生触碰世界，并发出自己的声音。

与教材产生共鸣的教师应该同样保持开放。如果教师秉持着对错模式，那么老师对错误的恐惧就会转移到学生身上。对错模式中，学生一旦不知道问题的正确答案，就会认为自己失败了。共鸣教育学的目标就是让学生了解到在真实的世界中，还有许多问题没有正确答案，甚至有些时候，问题本身或许根本就不存在。如果老师坦诚自己的"无知"，学生们就会感受到他们正在接受"不受掌控"的未知世界发出的"邀请"。拥有共鸣效能感的学生们开始寻找答案，并为世界发声。这样一来，学生就具有了共鸣倾向。学生在自发探索中体验到的教育，比老师给出标准答案的教育要深刻得多。

学生与教师之间的共鸣关系会加强彼此之间的相互信任。[1]成长中的学生仍然需要受到教师和父母的指导，但是这样的指导并非来自"家长主义"或教师的天然权威，而是在教学过程中形成的相互信任。教师"给了自己和学生时间来发展相互信任的关系，这使他和学生的音叉彼此产生共鸣"[2]。对于一个仍然处于完善中的主体而言，这样的指导难能可贵。

（三）学校：作为共鸣空间

罗萨认为，学校应该成为一个"安全区"，为身处其中的人们提供建立共鸣关系的可能性。"在学校

---

[1] Hartmut Rosa, Wolfgang Endres, *Resonanzpädagogik*, Weinheim: Beltz Verlag, 2016: 61.

[2] Ibid.

举办好的教育活动的最终秘诀是成功塑造人们的期望，并将其转化为一种体验，即可以引导人们从最初完全沉默和不可理解的状态中发出声音。"[1]

为了构建学校中的共鸣空间，学校就要培育出一种宽容的文化氛围，这种氛围能够接纳、容忍"错误"的存在。在这个共鸣空间中，每个人都可以毫无畏惧地表达自己的想法和提出反馈，无需担心被批评或指责。这就表现了共鸣教育学不受掌控的特征，"无所畏惧地讨论什么成功了，什么失败了"[2]。在共鸣关系的建立过程中，错误显得格外重要，因为错误往往是共鸣轴建立的启动步骤。只有了解了错误在哪里，又是如何出现了错误，我们才能更好地避免错误的出现，所以罗萨认为共鸣教育学的核心就是塑造对错误的高度敏感和包容。[3]

对于错误的宽容态度，在罗萨看来就是一种"幽默"态度。"幽默不是一种治理技巧。幽默是一

---

① Hartmut Rosa, Wolfgang Endres, *Resonanzpädagogik*, Weinheim: Beltz Verlag, 2016: 50.

② Ibid., p. 84.

③ Ibid., p. 81.

种世界观，是对世界、对自己、对他人的性格态度。一种总是有所期望的态度，一种不把事物工具化的态度。这是一种宽容的态度。"①

共鸣是一种理想的关系模式。与共鸣相对，在学校，人们可能会陷入"冷漠"关系中，即主体之间没有出现应答关系。在罗萨看来，更为可怕的是排斥关系，即主体之间不仅缺乏应答，甚至相互厌恶。共鸣关系需要保持开放，实事求是的态度需要不同主体之间能够坦率地说明优点与缺点，共鸣需要"直言"，沉默不语、出于负面情绪的排斥和一味地夸奖都是共鸣的对立面。正因如此，专事夸奖的"夸赞教育学"便成了共鸣的敌人。

想让学校成为"共鸣空间"，需要主体的共同参与，参与者只有共同参与对规则的建设，才能对规则心悦诚服。罗萨的信条是："妖魔鬼怪的规则要由妖魔鬼怪来创造。换言之，只有课堂上的魔鬼们认为这里的一切都有问题，他们被干扰、欺凌、剥

---

① Hartmut Rosa, Wolfgang Endres, *Resonanzpädagogik*, Weinheim: Beltz Verlag, 2016: 110.

削和伤害，而且总是如此，才会被激励去制定规则、施行惩罚。"①

伴随着网络技术的发展，基于网络空间的课堂开始发挥越来越重要的作用，那么学校是否有一天会被虚拟空间替代？在罗萨看来，Z时代的交流方式阻碍了人与人之间共鸣的形成。表面上看，手机让整个世界变得"触手可及"，让人的掌控范围变大，让更多的资源变得可供驱使；人们在网络中寻觅触动心灵的音乐，邂逅那些可以建立共鸣关系的人，探寻满足娱乐渴望或冒险需求的风景。但是罗萨认为，这种"扩大世界范围的方案"（Reichweitenvergrößerungsprogramm）带来的问题是，屏幕成为通往世界的单一渠道，是与世界唯一的联系，这就带来了所谓的"因单方面削减而产生的贫困"②：人们所做的一切都是以屏幕为媒介的，通过屏幕相互交流，在屏幕上学习，在屏幕上工作，在屏幕上玩耍，通过屏

---

① Hartmut Rosa, Wolfgang Endres, *Resonanzpädagogik*, Weinheim: Beltz Verlag, 2016: 90.

② Ibid., p. 103.

幕谈论电影、音乐或其他事情。继而这个屏幕、这个光滑的平面就成为人们的单一通道，唯一的世界之门。人们由此进入所谓"体验丰富，经验贫乏"的状态。

在这样的"匮乏世界"中，我们更加缺乏"共鸣"的可能。当我们不使用手机时，常常感到与朋友隔绝、与世界隔绝。于是，人们希望通过社交媒体获得更多的反馈，以获得存在感。然而，在获得众多点赞之后，人们会很快再次陷入对虚假"共鸣"的渴望之中。人们会觉得，世界仿佛已将他们遗忘，他们渴望再一次被理解和感知。这样的循环往复显然是缺乏质量的共鸣，因而罗萨认为课堂应该是一个远离手机干扰的时空。

四、在共鸣中寻求能力与创新

"建立世界关系"的教育成为罗萨对抗异化、寻求共鸣的重要路径。就此，罗萨开始了他知行合一的实践。从 1997 年开始，罗萨担任了"德国中学生学院"（Deutsche Schülerakademie）夏令营的学术校长。每年夏天，都会有约一百位中学生来到德国中部的布伦什威格（Braunschweig）完成为期三周的课程。罗萨认为，中学生学院的体验激发了他的学术灵感。"只是因为我每年夏天都会参与这所学院的活动，所以近二十年来才能够写《共鸣》这本书。"[①] 由此可见，教育是罗萨共鸣理论的灵感来源，也最终成为他共鸣理论的归宿。

在《共鸣教育学》的最后章节，德国记者莱因哈特·卡尔（Rainhard Kahl）记录了中学生学院的精彩活动。中学生学院像是一个教育理想国，在一所不以考试为目标的学校中，学生们展现出了惊人的主动性和创造力，并与世界产生"共鸣"。在书中，罗萨自陈："我经常想：如果在生命的尽头我会为某件事感到骄傲的话，那或许不是由于某本书的成功，也不是由于任何公开露面，而是由于某件发生在德国中学生学院的事……我真的很自豪自己能够应对

---

① Hartmut Rosa, Wolfgang Endres, *Resonanzpädagogik*, Weinheim: Beltz Verlag, 2016: 129.

这个特殊的挑战。"①

罗萨的教育情怀恰恰反映了法兰克福学派批判理论"如何实现良好生活"的逻辑进路。于是教育就成为最有可行性的行动方式，"化民成俗"的教育功能让社会学家怦然心动。"共鸣教育学"理论正是从教育入手，寻求世界关系的改进路径。在学术领域获得声誉之外，罗萨展现了更大的雄心，他希望更多的人能够接受共鸣理论。这就需要放弃理论"曲高和寡"的抽象性，让"共鸣"变成人们易得好用的思想工具。尽管不乏"交往""承认""视而不见""存在""自我效能"等宏大概念的身影，但罗萨在《共鸣教育学》中尽可能地使用常人理论和常人方法论，让他的读者能够和他的思想融合，并与之产生共鸣。于是，在《共鸣教育学》之中，复杂的理论建构不再占据主导地位，取而代之的是对当下教育实践中现实问题的讨论。因此，我们可以将《共鸣教育学》理解为其共鸣理论的通俗版和实

---

① Hartmut Rosa, Wolfgang Endres, *Resonanzpädagogik*, Weinheim: Beltz Verlag, 2016: 121.

践版。

在写作过程中，罗萨身体力行地尝试将社会学研究者与读者之间的关系转换为共鸣关系。于是，《共鸣教育学》的写作采取了对话的方式，以体现"回应关系"。罗萨并没有将自己的理论和盘托出，而是要求读者在阅读之后，自己参与理论的"形塑"，他将之比作"将碎片'融合'为花瓶"的过程。

如果要完整地体验与作者的"共鸣"，那么在受到理论的触碰之后，读者还要发出自己的声音，最终形成"回应关系"。因而我们要对共鸣教育学理论提出批判。罗萨认为，批判意味着"另一种人类生活的可能性"[1]。但是共鸣教育学真的提供了另一种可能性么？我们可以再回顾《共鸣教育学》中的一个案例。这一次，寻求共鸣的对象是一件乐器："吉他一开始只是单纯的物。我可以尝试拨弄，但什么也没发生。只有当我练习一段时间——只有当我希望

---

[1] Hartmut Rosa. Kritik der Zeitverhältniss. Beschleunigung und Entfremdung als Schlüsselbegriffe der Sozialkritik, //Rahel Jaeggi, Tilo Wesche, *Was ist Kritik*. Frankfurt am Main: Suhrkamp, 2009: 23–54.

自己能够让它听起来正确时，我才会练习——当我发现共鸣只在成功奏响和弦时产生，才会想继续练习。"[1] 乐器的使用和掌握很容易让我们想起"文化资本"这一概念。也就是说，与乐器拉起"共鸣线"，首先要积累文化资本。文化资本的积累越丰富，我们就有更多与事物建立稳定"共鸣轴"的可能。

拥有雄厚文化资本的人，才拥有在共鸣面前的底气。我们不难想见"共鸣教育学"的"欧洲叙事"特征。在高度发展的福利社会中，人们在自己固化的阶层中安享长期积累之后带来的平和，拥有着"教育无目的"和面对随之而来的风险的底气。恰如罗萨所言："只有我确定我拥有掉进水里还能爬出来，且只会把自己打湿、不会危及生命的能力时，我才能做好承担风险的准备。"[2] 罗萨对于教育的理想化建构，莫不带有"共鸣资本"拥有者所具有的松弛感。更进一步，共鸣教育学所塑造的主体是一个

---

[1] Hartmut Rosa, Wolfgang Endres, *Resonanzpädagogik*, Weinheim: Beltz Verlag, 2016: 59.

[2] Ibid., p. 91.

充满了主体性、自带众多共鸣轴的个体。它向往共鸣，却惧怕被"化用（吞并）"——这样的形象和欧洲此时的景象何其相似。

对于当下的中国而言，共鸣教育学仍然具有启示，特别是对于"创新人才"培养而言，充满了理论意义。"不受掌控"是罗萨特别偏爱却不易"掌控"的概念，罗萨还为此专门撰写了《不受掌控》一书。在罗萨看来，共鸣体验无法被强制获得，同样人们也无法保证一个人在获得共鸣状态之后会发生什么。其中隐含的逻辑是："共鸣并不总是成功的，但在成功的地方，又会产生变革性的影响。这意味着你无法预测共鸣过程的结果。"[1]

"不受掌控"的特质正提醒当下的教育者，在"创新人才"培养过程中所要面临的必要"风险"。"就学校而言，这意味着教师和学生都必须愿意尝试他们不确定是否能实现目标的方法。"[2]掌控关

---

[1] Hartmut Rosa, Wolfgang Endres, *Resonanzpädagogik*, Weinheim: Beltz Verlag, 2016: 82.

[2] Ibid., pp. 82, 83.

注"对"与"错"，但是放弃掌控可以带来创新。共鸣关系意味着不同的主体需要发出不同的声音，想要听到不同的声音，就要放弃唯一的答案，就要放弃"对错"逻辑。罗萨认为，只有在答案唯一的情况下，人们才有必要判断对错。由此又要回到共鸣与化用之间的区别。能力意味着个体能够安全地掌握一项在任何时候可以支配的技术，并能将之以财产的方式据为己有。但是，共鸣之中却存在着开放时刻和不受掌控，这一特点将它与能力和知识区分开来。

共鸣教育学启示我们，如果我们仍然把分数作为衡量教育结果的标准，那么我们必然会生产越来越多的"拔尖"人才，但是为了成就拔尖人才，教育会寻求一种极具掌控性的影响力，继而制度性地建构起一个异化的教育环境。但是如果"放弃掌控"，"创新"就有可能在共鸣的沃土之上成长出来。这也是共鸣教育学为当下中国教育的发展提供的一种可能性。

前言：“碎片变成花瓶……”

一位女同事这样描述罗萨的作品："……就像把 碎片扔到空中，最后桌子上出现一个花瓶。"这幅画面很好地说明了《共鸣教育学》的各个章节如何融合成一个整体。

从运用、能力到共鸣

难以避俗的问题：共鸣教育学有什么特别，即"新"在何处？从运用、能力，再到共鸣？这里需要简要回顾一下：约翰·L.奥斯汀① 在 20 世纪 60 年代创造了"运用"（Performanz）这一概念，表示可观察

---

① 约翰·L.奥斯汀（John Langshaw Austin，1911—1960），英国哲学家，日常语言学派代表之一。——译者注

到的行为。中学生不仅要掌握技能，还要展示自己的技能。20 年后，能力（Kompetenz）作为运用的对象进入了著名语言学家诺姆·乔姆斯基[①]的视野。从那时起，运用和能力被视为互补的概念。"能力是在运用模式中学习和评价的……以学校中学科经典为基础的世界探索（Welterschließung）模式打开了了解世界的不同视角。"[1]

哈特穆特·罗萨更进一步。他没有用能力获得，而是用共鸣来描述对世界的探索："能力和共鸣是两种截然不同的东西。能力意味着稳妥地掌握一门技术，能够随时支配我所拥有的东西。与之不同，共鸣意味着与一个事物逐步建立关系（In-Beziehung-Treten）……共鸣包含一个开放却不受掌控（Unverfügbarkeit）的时刻，这将其与能力区分开来。能力是化用（Aneignung），共鸣意味着和世界融合：我也与自己相融合。"

8

---

① 诺姆·乔姆斯基（Avram Noam Chomsky，1928—   ），美国哲学家。——译者注

共鸣教育学的核心概念

共鸣教育学不是用共鸣替换或取代"运用"和"能力"，而是从另一个视角出发，在教与学之中引入共鸣关系。"融合"是一个您接下来会不断遇到的概念。如果您想要了解核心概念，可以直接翻到152页的词汇表。在那里您可以一目了然地了解"共鸣"所处的位置，以及与共鸣有关的枝枝蔓蔓，甚至还有笨拙的概念如"民主协商的自主家长主义"（demokratisch-deliberativer Auto-Paternalismus）。

观点和共鸣

当教师从学生的角度看待学习时，就会出现新的观点；同样地，当学生也能从教师的角度去思考学习时，他们同样有新的发现。让我们回想一下令人难忘的罗宾·威廉姆斯（Robin Williams）饰演的基廷先生在电影《死亡诗社》①（*The Club of Dead Poets*）中展现的生动例子。在一幕传奇场景中，他让学生们站在桌子上，极具说服力地告诉他们："当你认为自己已经认识或知道一些事情的时候，有必要从不同的角度看待它，哪怕看起来很愚蠢或不必要。"[2] 不同的视角是让学习变得可见，共鸣使学习变得真正可听。这就是哈特穆特·罗萨的意思，"在教室中激发出火花"。

放眼世界和扎根故土

无论是在耶拿大学的演讲厅，还是在布伦什威格（Braunschweig）中学生学院，或是在斯图加特的马丁·施莱耶大厅（Schleyer Halle），在一万名观众面前和德国总统进行讨论，每一次近距离了解这位

---

① 《死亡诗社》（*The Club of Dead Poets*），1989 年上映的喜剧电影，讲述了在保守的威尔顿预备学院之中，罗宾·威廉姆斯主演的文学教师约翰·基廷一反传统名校的严肃刻板，鼓励学生们通过诗歌和文学寻找生活的激情，激发他们对人生的热爱和追求。——译者注

著名学者完成的工作，都是一种特别的经历。他向一小群学生解释星空的方式也同样给我留下了深刻的印象。他并不总是把年轻人带到他们所在的地方，而是多走那么几步：去他们还没有去过的地方。他在国际上受到欢迎，在各大洲之间奔波。黑森林中的格拉芬豪森（Grafenhausen）仍然是他的重要起点和灵感来源。

9

罗萨把他的家乡称为共鸣的绿洲。只有在家乡，他才不用发挥主要作用，不被工具性地索取，而是感觉以另一种方式与事物联结在一起。

亲爱的同事们，如果一开始他关于共鸣教育学的想法对你来说只是"碎片"，那么最终，一个漂亮的花瓶应该摆在桌子上——放着你在学校共鸣空间中收获的鲜花。这是我对你的祝愿——也是哈特穆特·罗萨的精神。

沃尔夫冈·恩德雷斯　　圣·布莱希恩 2015 年 11 月

亲爱的读者们，我们仍在寻找表达性别差异的合适方式：男、女教师，还是常见的男教师和女教师？对于学生来说也面临着同样的性别表达问题？还是用中性的教学人员、学习者和教学者更好？或者我们直接使用女性教师来指代所有教师？我们讨论了很长时间。尽管有一些建议具有创造性，但我们还没有找到令人信服的方案解决所有问题。因此，我们达成共识，即在每一个拼写中，无论是男性还是女性，我们一视同仁。

10

图左为哈特穆特·罗萨，图右为沃尔夫冈·恩德雷斯。

从时间研究到共鸣研究

节省下来的时间都被浪费了，如果与时间的关系存在问题，那么和世界的关系可能也存在问题。

哈特穆特·罗萨通过他的时间研究，发现了共鸣关系的意义和表现形式。这位社会学家研究了时间关系和加速趋势，如果把发现的结果加以总结，那就是："节省下来的时间都被浪费了。"

哈特穆特，作为一名时间研究者，你如何理解自己的陈述？

东西如果被"扔到垃圾桶里"，那么它就变得无用，或被遗弃。我们也在谈论浪费或失去的时间。

我开始问自己：一方面，我们用更先进的技术，更有效率地行动或完成任务；但是另一方面，我们节省下来的宝贵时间在哪里呢？节省下来的时间应该在某个地方，可以作为一笔巨大的财富供我使用？在提问和寻找答案的过程中，我注意到了现代性的共有特征：我们几乎在每一项活动中都节省了大量时间。但这些时间在哪里？在某种意义上作为一种资产或者一笔财富，作为积极的东西，它在哪里与我们相遇？我发现了答案：节省的时间都被浪费了。我对这一陈述还不太满意，因为这一陈述不是很简洁。不过这就是我的时间主题。

你的研究结果令许多人感到惊讶，有时令人恐惧。

如果我们分析社会中的"疯狂"增长和加速趋势，就会得到许多启示。在我的《加速》[3]中，我已经非常详细地解释了我们与时间的关系。我很快就明白了：如果和时间的关系有问题，那么和世界的关系也很可能有问题。这种相互关联是这本关于共鸣的新作的最初灵感火花。[4]

那么，你对共鸣的研究是你对加速研究的延续吗？

是的，我认为是这样。海德格尔①在他的著作《存在与时间》中，就已经阐明了这种联系。[5]时间关系和存在关系具有内在联系。如果我们现代人把时间浪费到了这种程度，那么出问题的可能不是我们在世界上的存在（In-der-Welt-Sein），而是将我们置于世界的存在（In-die-Welt-gestellt-Sein）的问题。这就是我关注世界关系社会学的原因。

加速趋势中的时间关系和共鸣关系中的世界关系之间到底有何联系？

在结构上，共鸣主题几乎是从时间主题中发展而来的。为了寻找加速问题的答案，我遇到了共鸣问题。在那里，我又一次遇到了异化主题。因为我想说，加速本身并不是坏事，但是会导致异化。

①　马丁·海德格尔（Martin Heidegger, 1889—1976），德国哲学家。——译者注

那么，加速是否继续发挥重要作用？

作用很大，但不再是唯一的。我有这种感觉，我的理论是逐渐发展起来的。一开始，我着迷于查尔斯·泰勒①的作品和他思想的宝贵价值。我想用它来解释我们的生活和日常。然后我发现时间关系也起着重要的作用，多年来，我看到加速和失速的现象几乎无处不在。最后，我注意到共鸣和异化的体验对我们的世界关系非常重要，而且它们受到加速的影响。现在，共鸣已经成为我关注的核心。

如果理论让人这样着迷，会有问题么？

只要我有自己的想法，就不是问题。此刻，共鸣这个话题甚至对我来说是某种解放（etwas Befreiendes）。我深陷其中，在世界和日常生活的现象中探索共鸣关系和异化关系。但这并不意味着我忘记了加速。相反地，它也是共鸣研究的基础之一。

---

① 查尔斯·泰勒（Charles Taylors，1931— ），加拿大哲学家。——译者注

教学的共鸣切中要害

与世界逐步建立关系意味着和世界融合。在学校中的学习世界也是如此。如果在课堂上擦出火花，那么教学就成功了。

在教室里碰撞出火花？这是否意味着有什么令人兴奋的事情，或者这个词也指紧张的气氛，指"空气凝重"？

的确，两者都有。如果教师成功地以激发课堂"火花"的方式吸引了学生的注意力，那么就产生了精神上的相互触碰。即使产生火花是因为学生在课堂上感觉到冲突或意见分歧，并展开令人兴奋的讨论。

碰撞出火花会产生共鸣？

是的，因为那里有些东西，让我成为火花和火焰。但对我来说，要做到这一点，首先需要一个火花——一个跳跃的火花。但是，如果我的努力没有共鸣，没有回响，如果什么回应都没有，如果我觉得自己在"向虚空倾诉"，即如果没有共鸣的空间，那么互动就会陷入沉默。

这是否意味着，"其他人在沉默"？

进入了冰冷的沉默。在无趣的空洞中，沉默冰冻了我。与之相反，生动地学习会形成截然不同的气候，能为我插上翅膀，用特定的方式和世界逐步建立关系。我要谈论这个世界的一部分。我通过融合来体验世界关系。

"通过融合建立世界关系"——这听起来很神奇。和学校相关，但不是让人感到有点陌生么？甚至"融合"这个词听起来都很神奇？

融合不仅听起来很神奇，事实也确实如此。融合意味着接受事物的方式，即使它并不属于我，但它生动地触动了我，甚至倾向于改变我。仅仅拥有和主宰事物是不够的，还要和它交流。当我能够为之发声的时候，我就和它融合了。

在课堂上，一个学生如何"让某物发声"？

学生化用（Aneignung）了世界的一部分，世界的一部分也会改变学生。在这个过程中，学生经历了一段改变他的关系。

课堂如何变成了学生世界的一部分，又如何改变了学生？

起初，学生只看到教学学科。但当学生从这里出发，会发现音乐、体育、英语或数学都是世界的一个部分，在这个部分的世界，他依然能够成功。他告诉自己，他现在想做更多事。例如，从政治学科开始，他开始成为一个政治人。他正在进入一个新的共鸣空间。共鸣空间也可以是剧团、学校乐队、朋克乐队、生态激进派或宗教团体。

所以，让我着迷的是，我可以与自己相融合。但如果我只是化用某个东西呢？学校已经充分发挥作用了么？至少单是这一点就非常令人满意。

这是将对联系的渴望误译为对客体的渴望。我将化用理解为渴望拥有（haben）一样东西：看，我现在拥有了它。这样我就获得了技能。我能解读一首诗，并识别出正确的押韵方法。或者我可以在数学或物理试卷中应用一个公式。因此，化用的意义也可以拓展为提升能力和扩展资源。我可以支配一种资源，也许是一种知识资源或一种物质资源，我可以工具性地利用这些资源。融合与之不同，融合意味着以物我相融的方式化用。在此之后，我就不同了。

这是一个貌似虔诚的愿望。但它在现实中能实现吗？

我们阅读一首诗，当我解读它时，它对我来说就已经发生了变化。对数学公式来讲，更难理解。但即使这样，人们也可以说：如果我把它融合在自己身上的时候，那么我就能把它运用于最初没有想到的事情。或者，我将这个公式与它没有被使用过的领域联系起来。因此，融合是一个积极的接受过程。

这样一来，教室里就有共鸣的声音了？

这正是参与者之间、同伴之间的互动，即学生彼此之间、学生和教师之间的互动。学校是变革世界关系的地方。这意味着要建立共鸣关系。具体来说，这意味着要对新的或不同的东西持开放态度，感受、掌握或者被打动，并允许改变。显而易见，这样也会带来某种伤害，学校可以也应该为之建立保护空间。

这是否意味着"学校共鸣空间"中的共鸣关系？

是，也不是。学校本身不是一个共鸣空间。它应该而且可以是一个形成关系的空间。教育是世界关系得以发展和塑造的重要过程。教育的成功意味着，对于年轻人而言，世界的一部分，一个被划分的社会化世界，或者是生活世界的一部分开始对他们发声。教化的理念，就是让主体与世界对话，或是置于共鸣之中。因此，教化并不意味着获得世界知识，也不意味着形成自己，教化塑造与世界的关系（Weltbeziehungs-Bildung）。

19

我应该如何想象："让主体与世界对话?"（Welt für die Subjekte zum sprechen bringen）

穿过学校的教育空间，年轻人将形成一种他们对世界好奇，对他的生活好奇的倾向（Disposition）。他们应该找到融合过程的模式，我称之为共鸣倾向。

教室是如何变成这样的共鸣空间的？

例如，在历史课上，希腊时代或罗马时代并不仅仅是一串事实和数字，而是与我聊天，给我讲故事的时代。我要和这个时代做一些事情，这个时代就成为我们时代的一部分。如果没有这一部分世界，我就不会是现在的我。在德语课上，诗歌可以激发

20

我这样的想法。我不仅有能力识别韵律、节奏和句

式，了解诗人和时代——所有这些都适合来获得成绩，但对我来说还不够。我想要更多。突然，里尔克①、贝恩②或艾辛多夫③告诉我一些我从未听过或经历过的事情。自然地，这首诗歌让我获得了更多。

不仅是教室，整个学校都能以这种方式成为一个共鸣空间么？

是的，如果成功，打开学生和教师之间的共鸣轴，学校会成为一个共鸣空间。重要的是社会关系。首先，作为一名学生，教师可以让我牵着他的手，探索我以前从未了解的世界的一部分。教师和学生都必定被共鸣点燃。

但是如果一方封闭自己呢？

另一方也会自我封闭。这就是我们说的令人厌

---

① 赖内·马利亚·里尔克（Rainer Maria Rilke, 1875—1926），奥地利诗人。——译者注

② 戈特弗里德·贝恩（Gottfried Benn, 1886—1956），德国作家。——译者注

③ 艾辛多夫（Joseph Karl Benedikt Freiherr von Eichendorff, 1788—1857），德国浪漫派作家。——译者注

恶的世界关系或冷漠关系。后者是教师和学生觉得彼此无话可说的关系。更进一步，还会出现排斥，甚至是：我不喜欢他，或者他不喜欢我。这经常是相互作用的。然后，学校就成了一个异化区域。那里的一切都让我厌恶：教师、同学和所有的"教材"。

学校不会一直是一个异化区域，它是否需要一种不同的教学取向，一种"共鸣教育学"？

这正是我的想法。新的概念意味着教育学是对教育发生的理解，具有多重维度。学校建筑的空间以及人们如何在其中活动也起着重要作用。共鸣是一种身体现象。这从课堂和办公室里的身体姿势、相遇和互动中可以看出来。如果这里空气凝重，或者管理者和成员之间没有擦出噼啪作响的火花声音，而是嘎吱嘎吱的不和谐声音，那么共鸣的反面就会出现。简言之，重新思考教育过程、更好地理解共鸣轴心以及为之引导的共鸣指南针是一个具有包容性的概念，我称之为共鸣教育学的定向（Ausrichtung）。

强调共鸣关系的共鸣教育学——难道没有人怀疑这里出现了一种新形式的"夸赞教育学"（Kuschel-pädagogik）吗？

那将是一种错误的怀疑。我甚至认为共鸣教育学是夸赞教育学的反面。因为夸赞教育基本上和共鸣无关，而是一种附和的关系。"夸赞教育学"一词通常指旨在建立和谐氛围，或纯粹只有一种声音的教育学，以免伤害任何人，并尽可能地给出积极的回应。所以"夸赞教育学"有其缺陷。这样的教育学反而让孩子们失去了共鸣。取而代之的是随声附和。

但至少有反馈，即使只是在预先设置的道路上。

这就是为什么我希望随声附和与共鸣彼此清晰地分开。在随声附和的时候人们只听到回声。共鸣则是人们听到的不同的声音。哪怕其他人将我视为他者加以对抗，那也属于共鸣。必须要说明的是，如果我不能理解，那就不能融合。

那么，共鸣教育学是否给了表达矛盾的空间？

年轻人不只是想被证明他们是谁，他们拥有什么，他们还希望被挑战，他们希望面对矛盾。他们希望自己能掌握、改变和严肃对待矛盾。这不同于用沉默的世界关系来做出回应，或者是用动作给对手猛击的感觉。人们应该区别两种关系，一种是排斥关系，例如孩子们被忽视，或感觉被忽视，另一种关系则是允许矛盾存在的积极方式。在人们感到被误解或不被触及的地方，就没有共鸣。

共鸣教育学能否增进相互理解？

不止于此。共鸣教育学需要共鸣的能力和共鸣的敏感性（Resonanzsensiblität）。这些是与他人产生共鸣所需的社会能力。与某人产生基本的共鸣是一种文化技巧，在共鸣教育学中具有特别高的优先级。

共鸣会是"教育"中让人爱听的音乐么？

对我来说，共鸣是关系的特殊形式，实际上可以从音乐中得到。两个进入共鸣关系的主体，也许就是小提琴和吉他两样乐器。这就意味着，每一种乐器都有自己的语言。哪怕它们演奏同样的曲调，听起来却各不相同。乐器必须充分封闭，才能发出声音。多孔乐器如果太过开放，就不能发声。但它们也不能太封闭。一个完全封闭的乐器听起来也不怎么样。因此，这取决于孩子们是否具有充分打开和充分关闭的能力。这就意味着，对于孩子而言学校可以是一个培养孩子拥有独特的、不易混淆的、可感知的声音的地方，而不是沉浸在自我感觉良好的班级空间里。

23

你刚才说共鸣是关系的特殊形式。这种相互触碰的特殊形式，我可以将之理解为回应关系么？

不一定。回应关系是我理解的共鸣关系的核心。在关于共鸣的作品中，我将之视为最后的结论。[6]这里我想表达的也许是另外一种与世界联系的可能性，我们和生命、和其他人的关系，以及和人们曾称之为被造物（Schöpfung）的世界的关系，不再是掌握、控制和其他相近的态度，而是倾听和回答的关系。

所以，要对被事物触动持开放态度，同时也要能够对它们做出回答，迎接它们。

安德雷亚斯·韦伯[①]（Andreas Weber）描述了一幅非常具有诗意的画面，它浮现在我的脑海中："这是一片过渡地带，森林呼唤草地，草地回答森林。"[7]

草地和森林是生态圈，是相互作用的生命圈：森林的影响从仍然有草地的地方开始，草地的影响延伸到已经有森林的地方。

在草地和森林相遇的地方，森林和草地无法清晰地分开。这种弥漫性的过渡是否也是青春期的一种形象？

青春期首先是一个异化阶段。在这段时间中，会出现缺乏回应关系的现象，沉默的世界关系和异化的现象变得尤为明显——青春期几乎是一种典型的异化状态。我相信在这一阶段，学校是一个特别

[①] 安德雷亚斯·韦伯（Andreas Weber，1967—   ），德国生物学家、哲学家。——译者注

重要的空间。对于年轻人来说，那些看似熟悉且不言自明的事情，尽管他们之前曾与之和谐相处，却会突然变得陌生起来。他们变得漠视甚至敌视这些事情。青少年突然问自己："我在家里到底都做了什么？我和这些人要做些什么？"父母只被视为制造者，基本上被他们当作偶然的"东西"，有时甚至会让年轻人反感。对父母冷漠都是最好的状态了。年轻人经常迷惑。你明明走进了草地，感觉却像置身于森林的中央。

共鸣关系在这里可以提供什么指导？

在此期间，只能逐步重新启动融合过程。对于成功的共鸣关系而言，根本性的工作不是划界，不是明确地说这里是草地，那里是森林。所以表面上我们都应该学习的是活在当下。但我认为这是错误的。我相信，在世界上成功的存在形式不是孤立的以自我为中心，而是相互联系。

这是否也意味着瞬间和过渡？在一次演讲中[8]，我听到了一句瑟伦·祁克果①（Søren Kierkegaard）说过的话："当下是过去和未来短暂接触的特殊时刻。"

正如祁克果所说，我的过去以一种有意义的、可感知的方式与我的未来紧密相连，成功的瞬间就在这两者之间产生。这样的瞬间像是一个时间轴（Achse），给人一种有意义的关联。这些都是我生命中的成功时刻，在这些时刻，我突然想起了过去的一些事情，并预见了未来。这就像草地和森林的相遇。

生命中的成功时刻意味着，它通过振动的共鸣线与生命相连。你提到了一种情色的世界联系（erotische Weltverhältnis）。这不应该只局限于性关系，应该让我们在生活的各个领域都变得富有创造力。"情色的世界联系"是与世间之物相爱么？

我试着做一下对比，把它看作是操纵的世界联

---

① 瑟伦·祁克果（Søren Kierkegaard，1813—1855），丹麦哲学家。——译者注

系的对立面。喜欢一件东西和与一件东西相对而立不同，相对而立是要使用和掌控，能够改变和控制它、把它带到任何地方。这些都是我们在学校学到的，我们也可以从技术上掌握。但爱一件东西，是为它而燃烧，可以说这是与世界的另一种不同的联系。对于物的喜爱跟人与人之间的关系一样。我喜欢诗歌，我需要它。或者我喜欢音乐，我需要它，或者我喜爱历史，我需要它。学校的东西也是如此。或者我喜欢运动——网球、排球、足球。这就意味着，人们可以将这种震动着的共鸣线作为一种世界的基本倾向。

这一份爱的宣言是在邀请我们思考如何与我们的世界交流？

我们至少可以观察到，操纵、控制或排斥这些基本态度在很大程度上具有伤害性，或者忽视了世界经验。爱的关系，让我们可能以截然不同的方式，充满尊重、小心翼翼地接触那些我们未知却希望认知的东西。这就是为什么我会认为我们文化的基本错误是要不断提升竞争能力，以便提高超凡的支配性和控制性的世界关系，就好像赫伯特·马尔库塞[①]所说的"情色的世界联系"[9]。

[①] 赫伯特·马尔库塞（Herbert Marcuse，1898—1979），德裔美籍哲学家和社会理论家。——译者注

教学过程中的共振时刻

共鸣是可测的，能在眼睛里读到。

当一位学生回忆学生生活时，她讲述了她的数学老师对数学学科的热情："当她谈到公式和数字时，她的脸颊会发热，眼睛会发光，就像孩子们在谈论巧克力冰淇淋。"[10] 这是否意味着我也能从眼睛中读出共鸣？

当然！我最近参加了德国人民教育基金（Studienstiftung des deutschen Volkes）的评审专家小组。我们要选择奖学金获得者，并反复讨论可能存在的疑点，如他们的成就会如何发展，他们将会得到什么样的成果，等等。直到其中一位顾问说："伙计们，我们需要另一个标准。否则我们得不到任何进展。我想问的问题是：当他报告自己的主题时，他的眼睛是否发光？这应该是能否获得奖学金的标准。"

"眼睛发光"是否可以被视为标准？

令人惊讶的是，这立即在专家委员会中产生了共识。每个人都说："是的，这就是我们真正希望的，有人为了它而燃烧，它让他的眼睛闪闪发光。"

这是否也能成为学校评价的标准？

在我看来，眼睛发光不适合拿来测量学生的成绩——它无法代替课堂作业。但它适合测量教学质量，测量共鸣三角形，看看世界融合（以及教育过程）是否成功。简而言之，它衡量的是共鸣，而不是能力。

这个建议听起来有点像玄学？

共鸣不是一种玄学现象，共鸣可以站上科学的检验台。共鸣是可以看到和理解的，你可以实际测量到它。眼睛是共鸣的中心窗口，人们可以感知到眼睛里的共鸣。有时，只要几个"眼神"就足够了。

29

共鸣关系在神经元水平上也可以做到可视化。

在另一段关于学校的记忆中也讲到了类似的故事。一位学生讲述了他的英语老师如何开始他的第一堂英语课。他说："我真心希望能给你们上英语课。"这位学生回忆道："他从我们班获得的快乐，从他的眼睛里流露出来，并影响了接下来的半年。"[11]这样的"第一刻"能持续这么长时间吗？

我想是的，像这样的时刻能引发很多东西。这一关键的"第一刻"产生了一个共鸣轴。学生和老师之间的共鸣体验可以沿着这个共鸣轴进一步发展下去。当他在表达中做出承诺，共鸣就会在双方之间开始布局。

所以共鸣需要双方参与？

共鸣是一种不能单方面给予的关系形式。作为一名老师，我可能想让学生理解一些东西，但此时此刻我可能无法触及他。这可能是因为学生、因为我自己，或者因为环境。无论任何原因，这一刻都没有共鸣可供感知。

共鸣不能被看到么？

如果教学中的理念、参与和合作能使老师和学生产生共鸣，那么这种共振的状态甚至会在物理上变得明显，呈现有形的状态。一种特别明显的形式是我甚至会起鸡皮疙瘩。共鸣可以通过皮肤电阻、呼吸频率或神经元状态来测量，让整个教育过程变得可见。

"啊……哈……"的经历是这样的时刻吗？一个孩子在课堂上突然用明亮的眼睛向老师展示他明白了？

我相信这是出现学习能力和学习意愿的关键时刻，这些都是入迷、感染或点燃的时刻。这些是我所说的"教室里擦出火花"的课堂时刻。老师和学生突然意识到，我们已经可以开始了。这不是永久的关系，而是某一个时刻。只有在这些时刻我们才能感受到会在这里取得的成功，或者现在正在发生的事情对我们来说很重要。无论是否有这种迹象，老师都可以在学生的眼中看到。

在幼儿园也是如此。照片上的小孩的眼睛在这一刻向医生闪烁？[12] 他的一只手上缠着绷带，眼睛盯着一个男人的脸——花白的胡子、不同的肤色、头上戴着的奇怪帽子，同样奇怪的是他说的话……

我相信，此刻一场特殊的相遇正在发生——两种声音的相遇。虽然这听起来很奇怪，这里自然地产生了光学的差异，不同的肤色和年龄表明两者并不相同。这不是一种彼此间相同而重新认识的关系。两个人都看到了对方的不同之处，但是相遇和相互接触让融合有了可能。孩子天生就是共鸣者，这就意味着人们不能把共鸣能力人为地当作一种文化性的共鸣技能，孩子们，乃至婴幼儿都在寻找这种关系。

人在摇篮中的时候，就已经有共鸣的能力了么？

或许还在胚胎阶段就已经擅长共鸣了，我认为这很有可能。对于婴儿来说，这件事情非常清楚：婴儿们看着其他人，寻求他们的目光。他们观察对

方，并向对方做出反应。在积极的互动中，他们开
心地大笑和啼叫。但如果他们的对象没有反应，只
是僵硬地站在摇篮旁，静静地盯着婴儿，婴儿就会
立即哭泣和转身。约阿希姆·鲍尔 ① 将这一实验称为
"摇篮中的欺凌"。[13] 这意味着孩子们已在寻求共鸣。
我相信，生物本性让我们天生寻求与孩子产生共鸣。
当大人向孩子们俯身时，他们俩往往都会开始微笑，
眼里发光。

但如果其中一方表现出不同的反应呢？

我会诉诸共鸣教育学。在教育过程中，在作为
共鸣空间的学校里，孩子发出了自己的声音。我也
必须能听到不同的声音，哪怕它打扰了和谐，产生
了矛盾。这是一个重要的双向作用：一个声音必须
允许反驳，否则就没有自己的声音，没有自己的声
响。我的声音必须与另一个声音相遇，否则就不会
有共鸣。但另一种声音绝不能把孩子当作敌人，而

32

---

① 约阿希姆·鲍尔（Joachim Bauer, 1951—　），弗莱堡大学医学教
授。——译者注

教学过程中的共振时刻

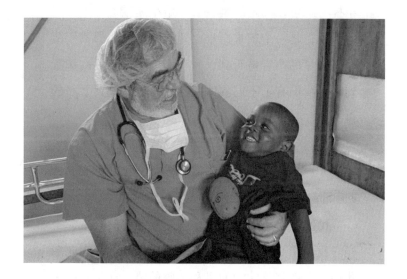

是要把孩子当作可以产生联系、可以交流的对象。

如果另一个声音保持沉默，没有自己的声调呢？

以小提琴和演奏者之间的关系为例。孩子学拉小提琴。可以确定的是，一开始小提琴是一个沉默的对象，是一个笨重而难以驾驭的东西。但我们能让小提琴的声音被听到。当我们让小提琴可以被听到时，我们有了不同的体验，我们也体验到了新的自己。我得到了共鸣的体验。

对于我没有影响力的事情，是否也有共鸣体验？比如前面说的"山呼海啸"？

我们体验高山或大海，就好像它们拥有生命一样。我们亲身面对着大海、高山或森林，有东西朝我而来，那就是吹动的风和奔腾的浪。这是戏剧中的古老动力。例如，那些敏锐的人，可以把海洋当作有生命、能呼吸的现实。当人们说"山呼"的时候，说明在与山的相遇中，一个人有一种面对生存，面对存在的感觉。山有一种共鸣，它用自己的声音说话。但这不符合我们对世界的现代理性主义的理解。之后，山不在乎我是否听到了。这种观点至少是理性世界关系的一种形式。在解释人对世界的认知时，人类以外的一切都被断然宣布成没有反应。

如果我们将心寄托于某物，如果我们真的爱着某物，我们能问问自己，物真的有灵魂么？

这取决于物本身。准确地说，"认识事物"是一种在文化上高度专业的观看形式。诗歌一直都认同这样的理念，事物会说话，事物也在看我们，就像里尔克写的那首诗："我喜欢听事物歌唱。"[14] 这一点深深植根于我们的文化中，艾辛多夫著名的浪漫主义诗句令人惊叹："万物之中，皆眠诗歌（Schläft ein Lied in allen Dingen）。"

我们在日常工作、学习和教育过程中是否也发现了这种和物的关系？

甚至是结构性的。烘焙面包的面包师有这样的经验：这些面团总是有自己的生命样式。这种不受掌控（Unverfügbarkeit）总是在起作用。他试着像上次一样烤面包，结果又有点不同了。面团似乎活着，近乎要发出自己的声音。植物之于园丁，文字之于记者，似乎都有类似的经验。因此，共鸣关系不仅仅是单方面的映射。

作为共鸣空间的学校

成为共鸣空间的学校是具有吸引力的学校。

你曾说："冷漠、排斥和共鸣对学生社会性的世界
关系有根本性的意义，课堂上亦是如此。"怎么理解这
段话中相互对立的要素（Element）？

我们人类总是要面对一个充满各种要素的世界。
我们遇到一些东西，面对一些东西，和一些东西逐
步建立关系。它们以不同的方式发生，这些确实是
可以观察到的。

比如在学校里？

我们看到老师和学生早上去学校。现在从学生
和老师的角度来看，他们对学校发生的事情却有不

同的看法。如果学校是一个共鸣空间，那里好像有东西在吸引我，它是一所具有吸引力的学校。

具有吸引力的学校——这种观点现实么？

这种观点很现实。我想到的不一定是"梦想学校"。也许会有这样的想法："哦，我很快就会再见到马克斯和汉娜。我期待告诉他们一些事情。"或者我看到充满笑意的脸在朝我点头。即使此刻我没有意识到，我也会突然感觉到这个世界在和我说话，它在告诉我一些事情。这是一个共鸣空间，在这里我有一种感觉，有什么东西回到了我身边。

因为我在这里遇到了好人，所以在学校感觉很舒服？

这是一个小小的共鸣时刻。但受这种心情影响，我可能也会为挂在走廊上的新照片，或放在楼梯间的花感到高兴。此刻，我有一种内在的兴趣：我期待着第一课，因为我们正在解读一首诗。我喜欢它，我发现它很美。

听起来不错。但这不是感知学校的唯一方式，对么？

不是唯一的方式，你能以不同的方式经历同样 的情况，那就是冷漠：没有人和我说话。今天我们又要学习诗歌，但我完全不了解诗歌。还有楼梯间里的绣球花，反正我不喜欢。我不是那种喜欢园艺的人。昨天马克斯让我很紧张。或者在另一个层面上：我逐步进入的世界，却被我感知为沉默的世界，一个基本上与我无关的冷漠世界。世界就在那里，我正在穿过这个世界，但我觉得根本没有人看到我。没有人关心我，我本来是想离开的，而且我对自己不感兴趣。这就是冷漠关系的形式：没有人对我说什么，对我来说毫无意义。当然，我会去那里，我相信我的同事也很好，但他们对我来说无关紧要，对我没有吸引力。这就是冷漠模式。

那么，冷漠模式是共鸣空间里的干扰者么？

是的。但另一种模式更糟糕：排斥模式。排斥把学校变成了一个战场。我相信，对许多学生来说

共鸣教育学

学校就是这样，对许多教师来说也是这样：一个战场，你必须不断地与阻力斗争，和自己，和课堂上的阻力斗争。"现在我们再次分析诗歌。我好讨厌诗歌，尤其是这种巴洛克风格！完全是一个混乱的时代。我和这首诗没有任何关系。这话已经没人说了。"另一方面，老师们也有这样的感受："现在我必须回到9段b句，这太可怕了。我必须不断地和对这首诗的厌恶作斗争，我必须为此而战。我感受到了课堂上的敌意。教室里沉闷得好像要发霉。"如果人们觉得整个空间都对他充满敌意，可能会伤害他，他便要与之对抗，要进行防御。

学生们是如何体验这个战场的？ 38

甚至更激烈，比如他们被霸凌的时候。还有一些霸凌的例子令人震惊。但即使是那些没有被欺负的人，也会担心自己可能会被曝光、嘲笑，或者被证明过于软弱或无法完成特定任务。然后学校对他们来说变成了一个充满敌意的世界，学校让他们反感。

如何才能在冷漠和排斥形成主导的情况下，给共鸣留下更多的空间？

首先，对问题形成差异化认识。尤其是在所谓的远离教育的视角下，很多学生都会觉得老师不喜欢我，或者根本看不到我。（一个比一个糟糕）同学们不喜欢我，也许会欺负我。我不喜欢那种东西。我讨厌数学，什么都学不到，我宁愿做其他事情。对这些学生来说，学校成了一个与生活对立，由其他人决定的空间——学校和生活分开了。学校只被视为一个令人不快的空间，学生必须在这个空间里做他根本不想做，也不擅长做的事情。自我效能感对他而言是一种陌生的经历。学校变成了一个异化地带。

"注意！危险！绕过去！"许多学生会把学校当作工地或者危险场所，是一个需要尽快离开的区域？

孩子在学校里与世界隔绝了，他们看到的到处都是表示排斥的警告信号。他们认为老师是一个把他们推开的排斥者，是他们想要避开的人。有这种问题的儿童和青少年会立即进入排斥模式。他们反应激烈,如果看他们一眼,就好像在挑战他们:他想干什么?他又看我!我不能忍了!这种与世界相遇的方式让人反感:世界想要伤害我。然后,老师就成为这种世界期望的节点。老师是那个不断批评我、惩罚我、想要从我身上得到我做不到的东西、让我感到被羞辱和不被尊重的人。如果这种情况延续下来,无论什么时候,老师做什么都无关紧要;学校成了一个令人反感的世界和一种令人反感的世界关系的标志。

但是孩子们不是只有在学校才会发展出令人反感的世界关系?

我们从社会学和社会心理学的研究中知道,有攻击性的儿童常常自己经历过暴力,或至少曾经被忽视过。最糟糕的就是孩子们的无力感,他们所经历的事情深深地伤害了他们,或者他们不得不看着兄弟姐妹或父母受到虐待或忽视,而他们对此却无能为力。或者他们经历了无意间的忽视,完全被父母排斥。无能为力，缺乏自我效能感，除了冷眼旁观以外，什么都不能做的感觉是非常可怕的。这样的经历几乎不可避免地会发展出一种排斥的世界关系：世界是伤害我的地方，我最好还是回避它。

但这些儿童和青少年中的许多人并没有躲闪，而是大打出手。

是的，任何时候都是一种非自愿的体验。我在法兰克福的同事费迪南德·舒特里奇 ① 称之为"突然降临的暴力体验"[15]：我可以做点什么，我可以先动手，我可以转入攻击。我不必等到我被这个世界、被某个人、被老师、被同学伤害，我可以先动手。

尽管课间休息有人监督，但这样的场景在校园里经常可以看到。校园在多大程度上属于学校共鸣空间？

校园制造了建筑、空间和社会三种完形（Gestaltung）的相互影响（Wechselwirkung），直接和我们

---

① 费迪南德·舒特里奇（Ferdinand Sutterlüty，1962—　），法兰克福大学社会学教授。——译者注

的身体融合。共鸣体验是身体关系；我们调动所有的感官、姿态和身体紧张来体验它。换句话说，我们与世界的关系也取决于环境，这就是为什么它也取决于建筑以及它外立面的设计方式。

学生们被要求参与设计么？

班级，甚至整个学生群体都必须有机会改造空间，从这个意义上说，休息室也是一个空间。这意味着，在装修过程中，要为进一步的布置和装饰留下空间。经验表明，无论多么完美和有吸引力的游戏设备，如果预设好使用方式，都无法获得预期的效果。学生们以自己的方式使用这种游戏设备，甚至会疏远或破坏它。与其他教育领域一样，彻底的控制几乎总是失败。

这听起来有点像平克·弗洛伊德："嘿！老师们！别管他们孩子！……我们不需要教育！"[16]今天的学生们知道摇滚乐对世界的冲击么？

人们不知道摇滚乐这种影响了整整一代人的表

达形式是否只存在于某一代人。今天看来，那是一段相当让人怀念的时光。但也许也会有一个文化融合的过程，即使是今天的年轻人也能在其中找到充分表达的方式。

或许由于特殊事件，许多事情会重现？就像柏林墙倒塌后，规模巨大的现场演唱会《迷墙》①（The wall）再次吸引了数十万听众？

我相信，今天的年轻人中有一种相当强烈的趋势，他们以这些形式表现他们的世界观。还有许多其他的歌词都表达了这一点。摇滚文化仍然充斥着关于学校经历的文本，令人惊讶的是，它们几乎总是表达异化体验或异化关系。例如，爱丽丝·库珀（Alice Cooper）的《暑假》②（School's out for Summer），或者在加里·朱尔（Gary Jules）改编自"恐惧的眼泪"（Tears-for-Fears）乐队的歌曲《疯

---

① 《迷墙》(The wall）是平克·弗洛伊德乐队（Pink Floyd）的一张专辑，1979年发行。——译者注

② 美国摇滚乐手爱丽丝·库珀（Alice Cooper）2006年发行的一张专辑。——译者注

狂的世界》①（*Mad World*），都令人震惊，让人难忘。加里·朱尔将之称为他最重要的歌曲。他在歌词中讲述了自己在学校的经历。他以一种非常令人难忘的方式，以非常敏感的语气，夹杂了排斥和冷漠，阐述了自己的经历。他用"视而不见"（look right through me）描述了他是如何看待老师的：他只是看着我。甚至没有注意到我！这是冷漠关系的基本表现。我没有来过这个世界："没有人认识我！"[17] 没有人真正认识我，我和这个世界毫无关联。

42

通过这样的歌词，能洞察我们年轻人的生活世界吗？

事实上，我相信当时和现在一样，摇滚乐和流行音乐在不同的层面上都是合适的表达形式。如果教育工作者听了这些，他们就能体会到教育系统的基本形式可能是令人反感的。

---

① 《疯狂的世界》（*Mad World*）是英国乐队"恐惧眼泪"（Tears for Fears）1982 年创作的作品。2002 年，因为电影《死亡幻觉》（*Donnie Darko*）在片尾使用了加里·朱尔（Gary Jules）创作的新版本，使得此曲再度走红。——译者注

但是我们的学校看起来并不是真的这么黑暗？

黑色教育学（schwarze Pädagogik）已经是过去式了。但教育学仍然有它的阴暗面，它将教育的发生视为校准（Abrichtung），甚至是矫正（Austreibung）的过程，在这个过程中，要对抗孩子们的无序、混乱或危险，即使不是对抗，至少也要重新形塑他们。这包含了操纵性的、"伪装"的关系形式。当学校将能力与共鸣混为一谈时，它就会使用这样的形式。这样的学校并不是一个共鸣空间，而是一个黑暗、沉默的地方，传递着异化体验，制造着异化关系。这正是平克·弗洛伊德《墙上的另一块砖》①（*Another Brick in the Wall*）以一种引人注目的方式所表达的。

或者像在一些电影中一样。1989年的《死亡诗社》是一部备受追捧的电影，而最近的《该死的歌德》②（*Fack ju Göhte*）是获得了700多万观影人群的巨大成

---

① 平克·弗洛伊德专辑《迷墙》中的一首单曲。——译者注
② 系列喜剧电影，讲述了痞子穆勒出狱后混入学校伪装成代课教师和问题学生们斗智斗勇的故事。——译者注

功之作。这两部电影有什么相似之处吗？基廷先生和泽基·穆勒有什么不同？这两位老师的成功之处是什么？

我感到非常惊讶的是，在这么多反映学校生活的电影中，可以看到一个与摇滚歌曲描述相反的世界。这些电影表明，人们非常渴望能打开共鸣轴。《死亡诗社》和《该死的歌德》都有着截然不同的经历。在《该死的歌德》中有一个班级，这个班级中的一切都是以排斥为先的。在《死亡诗社》中，师生关系要可贵得多，在这里，老师和学生之间建立了强烈的共鸣轴，但却是在一个冷漠和排斥极化的世界中建立起来的。

43

这正是基廷先生充满热情地让他的学生们意识到的一点。他和泽基·穆勒是在完全不同层面上投入。然而，他以毫无教化的滑稽举止激励着他的学生。

在这两部电影中都可以观察到有趣的反应模式。在《死亡诗社》中，两个共鸣轴都在某种意义上振动：在师生关系中，诗歌突然开始说话。它体现出诗歌如何改变我们与世界的关系。这远远超出了诗论的范畴。随着诗歌开始说话，班级中的社会关系也发生了变化，个人间关系也在变化——朝着我们所说的"品格教化"（Charakterbildung）方向发展。

我们不能在《该死的歌德》中谈论这个问题么？

老师们认为这里的课堂是一个独立的战场，与之相对应，学生们把老师当作一个需要克服的难题。因此，穆勒老师和学生双方之间的关系转变为排斥关系。学生们对课程没有兴趣，而老师实际上是一个银行劫匪，既不能教书，也对学生不感兴趣。这是一幅夸张的画面，可以在画面中看到纯粹的冷漠或排斥。

然而，双方的感情却一点一点地发展起来。

我相信这可能是一种内心的渴望，一个自然的人类过程正在发生。突然，双方都开始关心对方——这是其他一切的基础。如果没有这一相互关心的时刻，这一进程就无法开始。但是在这里发生的事情是：老师对他的学生和教材也越来越有兴趣，对一起探索世界的想法越来越有兴趣。这正是共鸣理论所说的：在共鸣被触发的地方，会发生相互反应，从而发生融合。因此，学生们在学习后与刚开始时有所不同，老师也发生了变化。

我们能把电影中发生的一切看作是对"世界关系社会学"的微缩吗？

共鸣教育学思想正是以此为基础。教育并不意味着控制世界，而是改变与世界的关系。我相信这是人类最基本的世界愿望。这两部电影都在角色塑造和戏剧创作中表达了这种渴望。

从荧屏上虚构的学校回到黑板画里的真实学校。我们可以从图1、图2中看到共鸣教育学。第一张图显示了一个异化的三角形。这表明某一节课是失败的。在第二张图中，我们看到了共鸣三角形，即成功的教学。这两个三角形的显著区别是什么？

基本理念与教育学中描述的"教学三角"有相似之处。它是教师、学生和要讲授的教材之间的关系。但在共鸣教育学的背景下，我认为重新思考共鸣、排斥和异化关系是有意义的。也许人们应该简单地称之为"沉默的世界关系"，而不是异化或排斥关系。

沉默的世界关系？

如果一堂课失败了，我们会发现这个三角关系都变得沉默、相互间漠不关心，甚至相互拒斥，这是一种互动效应。这样一节课过去，教师们觉得自己今天还没上课。我所说的和尝试的一切都没有到达另一边，也没有被记录下来。在一节失败的课之后，学生们可能会说："哇，今天太无聊了！"，或者"天哪，今天太糟糕了！"对于个别学生来说，这意味着他还没有被触及，也意味着没有发生任何事情。在学生和教师之间，教师和教材之间都是沉默的轴。那里什么也没发生。

什么样的干扰会导致各条联系线中断？

这种无法触碰的感觉在很大程度上也取决于教

失败的课堂：异化三角形

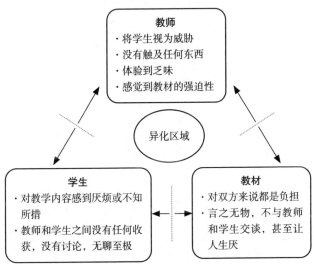

图1　异化三角形。课堂成为战场，没有任何反馈。抵抗力和疲惫感不断提升，共鸣轴（双箭头）是沉默的，断开的。（Rosa, H. [2016]: *Resonanz. Eine Soziologie der Weltbeziehung*. Berlin: Suhrkamp, S. 409）

成功的课堂：共鸣三角形

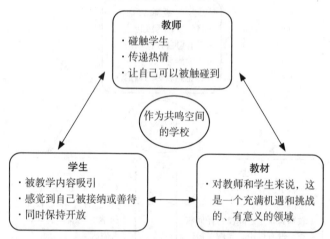

图 2　共鸣三角形。在课堂上"激发火花"，全神贯注，毫不费力。共鸣轴"振动"。(Rosa, H. [2016]: *Resonanz. Eine Soziologie der Weltbeziehung.* Berlin: Suhrkamp, S. 411)

师的自我效能期望：如果教师进入教室时，让自己无法教学，甚至无法接触到学生，他就不会成功。演讲者（教师需要经常交谈）必须有一个明确的期望，即他有重要的话要说，这是很重要的。他所说的应该能被感知到。这就是教材的轴心。

47

作为一名教师，我要不要想象这些教材会让学生感兴趣？

我相信这种态度甚至可以被视为是反事实的。即使从学生眼中看到怀疑、冷漠或不感兴趣，教师们仍然可以毫不掩饰地设法饶有兴致地教学，想象学生对此感兴趣。或者正如约阿希姆·鲍尔所说："年轻人用全新的眼光看待和理解。"[18]他可以期望说："同学们，我真的有一些有趣的事情要告诉你们。听着，这是与你们相关的事！"教师们所说或所做的散发出某种光芒……

他们是把异化三角变成了共鸣三角么？

是的，通过打开连接轴的方式。没有指定从哪个轴开始，但作为一名教师，我必须相信我今天想向你们展示的和我们现在正在相互讨论的与我们的生活有关，与我们、你们和我都有关，我们可以有所作为，我们可以从中产生火花。

这是一场浪漫的表演……

一起来读冯·赫尔德[①]："如果没有热情，我们头脑中最好的力量就会沉睡……它是点燃我们内心火花的火种。"[19] 如果这种热情已经在教师身上熄灭了，那就很难了。但即便如此，共鸣关系也可能会发展起来的，因为一个学生进来说："嘿，太棒了，我真的可以用它做点什么，我可以从中做出伟大的事情！"我自己也经历过这种事情，最早的启动也可能来自学生。

但作为一名教师，我等不及了。

首先，教学法和教师的任务就是增强教材，让

---

① 约翰·冯·赫尔德（Johann Gottfried von Herder, 1744—1803），德国历史学家、哲学家。——译者注

教材说话，让它开始呼吸和生活。

那么教师和教材之间的轴是开放的吗？

其中的理念是，教师通过他的激情让教材说话，同时教材也开始对学生说话。这就打开了学生和教材之间的共鸣轴。在这一点上，火花跳跃的先决条件是学生和教师之间有一条相互尊重的共鸣线。如果教师与课堂没有这种联系，他可能在课堂上格外热情，但无法接触到学生。学生们最多会大笑不止。因此，三条相互关联的边都属于共鸣三角形。

共鸣线（Resonanzdraht）和共鸣轴（Resonanzachse）之间有区别吗？

有区别。共鸣轴是与世界上我喜欢做的事情间的稳定关系，我可以与之建立共鸣。这可能是在弹钢琴，也可能是政治参与。与之不同，共鸣线是在完成某事的某一刻形成的，比如我正在演奏钢琴曲。但它通常会因为训练不足而破损，甚至会撕裂——可能是因为我不擅长或是钢琴走调。共鸣轴是稳定的，其中一定会产生出共鸣线。

共鸣教育学是在这种三角关系中发展起来的。课堂上的共鸣还有其他的典型特征么？

一种表现是"不用勉强"（Anstrengungslosigkeit）。这种不用勉强的特征是没有自我强迫。你倾听一个有共鸣的人的声音，不必不断地强迫自己集中注意力，不会开小差。但这并不意味着在这种情况下的学习不会让人筋疲力尽。我很愉快地应对了挑战，因为我觉得自己在这里被完全接受。这种积极的态度，让教师和学生体验到了课程的成功。他们都相信今天我们一起向前迈出了一大步。对每个人来说，这都意味着：我身上发生了一些变化，教材对我来说变得鲜活。然后我可以谈论能力发展。

稍后将讨论能力和共鸣间的相互关系。

提前预告一下，我们将讨论能力是如何在共鸣空间中发展出来的。

学校中的共鸣空间并不是一场梦中的舞蹈。不勉强和愿意工作是相辅相成的。那么，共鸣三角形和异化三角形是一样的么？

共鸣教育学的核心实际上都在图1、图2中了。你必须认真对待这两件事。是的，它们是一件事。共鸣本身不是一种持久性的状态，如果出现了，可能还是错误的。所以把两件事放在一起考虑的确有道理。这意味着共鸣三角形不能被理解为和谐三角形或和弦三角形。不和谐是这个三角形的中心，这意味着各方之间需要相互刺激。

也可能有一种力量测试，在这种测试中，教师并不总是强势一方？

比如当教师犯了一个错误，或说了一些话，让学生反问："他现在完全疯了吗？"事实也有可能正好相反。学生必须能够用自己的声音说话。这也意味着，他们之间要有矛盾，教师要变得陌生化。 50

如果双方都感觉到陌生怎么办？

这种紧张时刻是必不可少的，也是不可避免的，它们是学校整体教学活动的一部分。学校不会是一个人人互敬互爱的理想区域——这是一个乌托邦式的想法，一点也不好——但必须有一个根本的希望，即人们成为一个共同体的可能性一直存在着。

异化或沉默的世界关系甚至是产生共鸣的前提条件吗？

在学校举办好的教育活动的最终秘诀是成功塑造人们的期望，并将其转化为一种体验，即可以引导人们从最初完全沉默和不可理解的状态中发出声音。人们开始说和听，一起处理一个最初看起来很无趣、很奇怪或完全错误的教材。然后人们相互交流，相互倾听对方的"沉默"。

什么形式的教学能让彼此的声音更好地被听到？是不是在合作形式的开放式课堂中，主要由学生们独立工作，并且建设性互动？或者是教师发挥"音叉"的作用，充当推动者？

当然，重要的是要素间的相互平衡，并被置于正确关系之下。开放式课堂和自主学习的理念是针对过分的灌输式教学（Frontalunterricht）的重要概念，在这种教学中，主要目的是给出正确的答案，或者经常要求学生保持安静，甚至训斥学生。教育不可能以灌输教学的方式取得成功。这就是为什么自主尝试和自主决定作业对于体验自我效能是如此重要。自主的做法确保了学生们自己的声音能够被听到。 51

在共鸣三角形中，教师在最上面。共鸣首先取决于教师？

探索世界的一部分，让以前沉默的事物歌唱和发声，这些都不会自己发生。如果教师不扮演"第一把音叉"的角色，学生通常只会在他们熟悉的圈子和关系中活动。新事物的火花通常是一项任务，它不是在完全自由的完形中发生的。如果只扮演实践导师的角色，那教师就没有充分发挥他的作用。教师必须将自己当作音叉，给出声音，通过教材轴引发震动，发出声音。 52

正如图1、图2直接展示的那样，学校作为一个共鸣空间，是共鸣教育学的核心部分。我此时想象这两个三角形像沙漏一样叠放起来。一段时间后，来自异化三角形的沙子慢慢流入共鸣的容器中……

关系可以通过转向（umdrehen）来改变。在"异化"关系中，你觉得自己根本无法和他人相处，你会感到无聊，甚至发展出紧张关系。这时你或许要先发出声音，以便进行交谈或争论。历尽难关、经过一场争斗或经历一场危机都可以倒置这个沙漏——沙子会朝着另一个方向流动。真正的宣泄时刻经常会改变局面，本来只会出现异化关系，但突然这里发生的一切——所有的互动——都会产生共鸣。

还有相反方向的转变么？

共鸣关系可以再次变成异化关系。如果危急情况变得更加严峻，或者你意识到事情不适合你，或者彼此无话可说时，情况就会朝向异化的关系发展。

这种情况时有发生，不是很自然吗？如果沙子永久地停留在共鸣三角形中，那不是很无聊吗？

对话过程不是从协调一致处发起的，而是由误解产生的。如果没有疏离、矛盾、抵抗或分离的时刻，共鸣就会慢慢消失。它就像一根被拨动的吉他弦——如果没有新的振动，它很快就没有声音了。音乐隐喻正适用于共鸣，共鸣的发生是基于反复出现的细微振动，它"被置于振动中"。相互疏远的时刻，甚至可能是对抗开始的时刻，对于发展新的共鸣都是必要的。

53

所以，如果教师在课堂上遇到阻力、抗拒甚至刁难，他应该感到高兴和感激吗？这对他来说是一个更好的起点，可以找到一种良好的共鸣关系，而不是从一开始就在课堂上找到良好的一致性（*Einvernehmen*）？

无疑是这样。我认为，没有任何形式的矛盾也是一种异化的表现，我们在大学里也会一次又一次地经历这种异化。例如在讲座或演讲中，学生们好像置身事外，如果最后问一句："还有人对此有疑问吗?"结果就是什么都没有了,没有矛盾,没有抵抗,没有然后——因为什么都没有被触及。因此,矛盾、反对,甚至大喊大叫,这些都是被触动的时刻。如果没有这些,那就是缺乏共鸣的标志。

共鸣关系产生动机

共鸣通过自我效能期待，增强动机。

管理培训师格伦戴尔①（Boris Grundl）所说的"能量型动机"（energetische Motivation）是指那些要求上级负责提供的动机。他将这种态度比作"依靠宿主生命能量生活的吸血蜱虫"。[20] 这是否也可以应用在学校中，一些学生将教师视为自己动机的主要来源，来为他们的动机电池充电？

当我期望别人对我的动机负责时，其实是我缺乏自我效能期望的表现。想要建立相互影响的共鸣关系，就要和自我效能期望联系起来：人们只有感

---

① 鲍里斯·格伦戴尔（Boris Grundl，1965—　），德国作家。——译者注

觉到自己可以触及某件事或某个人，并参与塑造过程的完形，才会在此时此地与物融合。

部分程度地参与塑造完形？

至少是这样。但是那些对自己没有这些期望或对期望没有太多经验的孩子会首先说："哦，不，我不喜欢，我觉得这很无聊，我无论如何都不能这样做，这对我有什么好处!?"我越是觉得自己无论如何都无法为物发声，我就越容易形成冷漠的态度或进入排斥的模式。这正是在那些已经成为异化区域的学校里的孩子身上可以观察到的。教师只能建议他们做自己想做的事情，否则答案就好像来自语音信箱："哦，不，现在不行，再也不行了，太累了，我不喜欢这样。"也许这些孩子已经筋疲力尽了。

如果有人将一切都视为外部的赠予，那自己就不能发挥作用，然后会变得懒散而苛刻。这不仅可以在学校中发现，而且可以普遍适用于社会。有些人难以接受已经形成的结构，是不是因为没有共同参与塑造完形？

我想是的。这也可以在政治世界中观察到。将一个制度原封不动地移交，哪怕是作为礼物，这种做法很难在世界上的某个社会中奏效。让我们看看东德的现实情况，1990年后，它被西德"馈赠"了一整套制度。那些在西德受到期待，让人们感恩戴德的事情，在东德却根本没有引发预期的反应。相反，人们感受到的常常是不满，有时甚至是一种压抑的世界体验。这种形式让自我效能消失了，但是如果人们生活在一个自己创造的世界里，他们语言的真正含义就能得到共鸣，在共鸣的过程中，人们可以意识到：通过共同行动，通过集体和政治行动，我塑造了世界的完形——我们塑造的世界完形也再次影响着我。

通过自我效能期望获得动机？

这正是共鸣关系开始时的现象，也是相互作用的形式。我有所成就，我参与塑造完形，参与塑造又让我被触碰。这是一种基本体验。我相信那些没有完成一项工作，又开始做另一件事的人，不会真正得到幸运。在人们看来，这样的人尽管拥有一切，但是根本上缺乏自我效能，或者只有工具性的自我效能。当谈到自我效能的概念时，区分它的两种类型非常重要：其中一种是掌握、操纵或工具性的达成。比如我既可以把能力视为落实一件事，也可以将之视为以我的意义来操纵某件事。但这还不是我所说的共鸣，不是对共鸣敏感的自我效能。

这两种类型的自我效能有什么区别？

我想用两种讨论方式举例说明两者的区别。第一种讨论中，我与五六名员工或同事交谈。阐述我对于项目应该如何进行的想法，每个人在最后都说："好吧，那我们就这样做吧。"然后我获胜了，实现了我的目标，我可以有一种效能感。但问题是我可能根本没有触及他人，我没有和他们共同参与，他们只是屈从于我。

在第二次会议上，情况有所不同。我们一起仔细思考：我们如何才能最好地做到这一点，产生好的结果？我们将如何实现这一点？我们该怎么办？

也许事情的发展超出了人们最初的计划，但每个人最终都会觉得：哦，是的，这就是我们想要做的！在第二次讨论中，我触及或试图触及他人。在这里，接触和实现目标的方式截然不同。这是一种变革性的转变：我让自己的声音可以被听见，有些东西又反馈回来。我并没有像第一次讨论时那样坚持自己的观点。第一种情况实现了目标，第二种情况建立了回应关系（Antwortverhältnis）。

儿童又如何展现对共鸣敏感的自我效能？

自我效能期望值高的孩子几乎对所有事情都感兴趣。例如，如果我带着望远镜问："有人想在我们的观测台工作吗？""谁想在剧院或音乐剧里演出？""谁要组织政治示威？"我们以哪个领域为例几乎无关紧要，会有很多孩子立即说："我要参加！"即使他们对这个想法还没有任何经验，他们就是想尝试一下。

59

然而，课堂上有许多学生根本没有这种期望。

通常是因为学校对他们来说是一个异化的空间。孩子们几乎对什么都不感兴趣，规章和加速也不能引起他们的兴趣。对于没有动力或缺少动力的人来说，只有良好的互动才能激发他们的兴趣：我想我可以做到。例如，我会拿一把吉他。吉他一开始只是单纯的物。我可以尝试拨弄，但什么也没发生。只有当我练习一段时间——只有当我希望自己能够让它听起来正确时，我才会练习——当我设法演奏几个和弦时，才会产生共鸣。然后我才想继续练习。

激励引擎开始启动。但是如果因为没有成功的预期，而没有达到目标时，该怎么办？或者人们在任务或练习中看不到任何意义时，该怎么办？在动机问题上，寻找意义不也是一个极有价值的问题吗？

"意义"对我来说是很难定义的。意义的概念是超负荷的。我经常听到："这毫无意义！"但是有一个笑话，当某件事突然出现时——例如一个失败的意义寻求者陷入了爱河——然后一下子就"找到意义"了。意义几乎就像一个附加维度，不能将其意义理解为纯粹的认知。如果我还没有参与进来，我就无法提前知道某些事情对我来说是否有意义。

赫尔曼·黑塞 ① 可能也有类似的看法："我们要求生活必须有意义，但它只有在我们自己能够给予的范围内才有意义。"[21] 那么教师在学科教学和特定任务中又传递着怎样的意义？

在这方面，学生需要一种有意义的期望。他需要知道：教师想引导我做什么，他想带我做什么，比如透过显微镜观察，做化学实验，或者学习一个公式，听起来就好像是世界的一部分。我真的很想用音乐来描述整个事件，它让我发出声音或引吭高歌。我认为这件事情事关倾向。也就是说，这需要对教师的信任，教师向我提出的建议可能会让我去探索世界的一部分。

60

① 赫尔曼·黑塞（Hermann Hesse, 1877—1962），德国作家、诗人。——译者注

你认为学校需要第三种形式的家长式作风吗？你把这种作风描述为"民主协商的自主家长式"？这对学校意味着什么？我需要一些转译的帮助。

即使非教学过程所愿，每一次教学过程都会有涉及家长式作风的时刻。这意味着，在教育中存在一种家长式作风，要让孩子得到好处，即使违背了他的意愿。就学校而言，这意味着教师和教育规划者知道什么对孩子有益，尽管孩子们自己还不知道。我认为，这是教学关系的本质。关于共鸣教育，我想在这里加以辨别。第一，我们有充分的理由对家长式作风持怀疑态度。在家长式作风中，教师通常是决定其走向的最高权威。第二，我们也应该对相反的情况持怀疑态度，即教师提出可能性，然后学生选择适合自己的方式。这就像一家超市。在这里，学生可以而且可能会马上选择他们喜欢的商品，并且似乎会做出承诺。值得怀疑的是如果他们碰到了困难，或者必须投入大量精力，那么他们是否会自愿选择这些事情。

我只是想用一个实际的例子来想象一下。孩子可以在两个不同的学习机会之间做出选择……

例如，在他面前的是一个电脑游戏和一把小提琴。孩子可以把这两样东西都拿在手里尝试。他很快会意识到要投入很多时间和精力，才能拉好小提琴。但是电脑游戏他却可以马上掌握。这就是我所说的市场家长主义。这就像是一家为我们提供所有可能性的超市，为了更方便地让我们做出选择，它根据实际情况提出建议，并把所有备选项置于视野之内，以提供更多的可能性。因此，孩子必须经历两种不同的家长式作风。我相信，这正是共鸣教育学的任务。要想建立相互间的信任关系，教师就要发展出一套能够激发班级和学生共鸣的敏感体验系统，并使之振动。但他也必须自己提出建议，激发对事物的热情，例如拉小提琴、运用物理公式或历史材料。在这方面，它具有家长式的特点：教师提出了一个建议，让学生们信任并听从他。

61

这是"自由的家长式作风"吗，正如安德烈·威尔肯斯[①]所描述的那样："自由和家长式作风并不对立。我们应该做出正确的决定，并让人感觉这好像是他们的自我决定?"[22]

当然存在操纵的可能性。可能还有一些我称之为类似操纵共鸣或共鸣模拟的东西。但这是一个非常敏感的领域。学生们很快就体验到了被操纵的感觉。如果一个教师和他的学生的关系是一种操纵性的关系，那就不是一种共鸣的关系，而是一种物化的关系。绝不能像操纵机器一样操纵孩子去做一些特定的事情。特别重要的一点是，在这里（并且不断发生）的理念"融合"。在特定的情况下，我可能会被操纵来为一个想法、口号或歌曲欢呼，但在操纵模式下，没有办法将其变为自己热爱的事业。

但是，成功的学习在开始时通常需要最初的热情。

[①] 安德烈·威尔肯斯（André Wilkens，1963—　），德国学者、作家，欧洲文化基金（European Cultural Foundation）主任。——译者注

当教师用他的热情吸引学生时，这些时刻难道不也是操纵性的时刻吗？

这不是操纵时刻，热情的教师是第一把定音叉。比如他走到全班同学面前说："伙计们，我今天有个主意。我想——不，是我相信你们会感兴趣，其中有一些东西对你们来说非常重要。"这唤醒了共鸣倾向，并让学生准备好接受新事物。

教师希望他的学生有积极的反应？

他给了自己和学生时间来发展相互信任的关系，这使他和学生的音叉彼此产生共鸣。学生们还需要对自己有信心，才能让这件事被表达，被倾听。

这种"东西"发出的声音有时可以通过非常简单的"工具"或方法来启动。例如，通过轻推，可以说，你想推动有细微冲动的人做某事，引导他们走上正确的道路。在世界上许多城市能找到所谓的钢琴楼梯，这些音乐楼梯在视觉上是一种邀请，而不是自动扶梯，行人甚至舞者都可以使用这些楼梯。这种轻描淡写的推动是不

63

是很微妙？

我个人不喜欢操控性。共鸣关系有不受掌控的时刻，它们无法有策略、有目的地被制造。

这也适用于这种轻推或爬楼梯的行为吗？

有了钢琴楼梯，这种效果是如此微妙，楼梯的设计几乎唤起了我的共鸣倾向。整个画面，钢琴的键盘，立刻让我想到我的移动和行走，也是在创造旋律。

这是邀请你边爬楼梯边跳舞么？

对我来说，这是一个非常成功的建议。我认为舞蹈是一种伟大的活动形式，因为它使不同形式的世界关系在感官上变得可被体验。这就是为什么这个楼梯激励我，要在旋律中以舞蹈的形式，让世界的一部分被听见。只有当我已经有了音乐感，当我充分熟悉键盘乐器，才能成功。但如果我从未接触过钢琴或键盘，那么可能什么都没发生，刺激的可能性为零。因此让人有打开共鸣空间的动机是有条件的。

反馈——因为共鸣而接受

> 共鸣空间中人们可以相互开放，只有在共鸣空间中反馈才有效。

"你没什么特别的。"[23] 韦尔斯利公立高中的英语老师大卫·麦卡洛（David McCullough Jr.）在 2012 年毕业演讲中的一句话闻名世界。他的煽动性口号一夜之间在油管（YouTube）上走红。他不想伤害他的学生。他想和学生们深情地道别，简单精练地给年轻人一些帮助。他简短的解释十分重要，但几乎没有人引用："因为每个人都很特别。"但即便如此，这仍然是一个非同寻常的信息。通过这种特殊的反馈，他引起了强烈的共鸣。反馈总是共鸣反馈吗？

共鸣反馈要关注能带来共振的一切。第一丝振动常常是在潜在的伤害中发现的，几乎所有的反馈都有，因为人们总是害怕，但有时会期待出现让人不愉快的反馈。尤其是在反馈方面，创建适当的前提条件似乎非常重要。

这位英语老师显然就是这样。他很受学生们的欢迎，所以他能够在严肃的毕业典礼中说出这句话。如果在一个小组或个人对话中，个人反馈听起来会如何？

我相信许多反馈过程和对话基本上都没有达到目的。批评会导致防御战——无论是用言语表达，还是无声的内心防御；如果批评没有得到充分表达，那就不会有不和，但两者都是具有破坏性的。

反馈或共鸣反馈取决于"情绪"吗？反馈者和接受 67
者双方的情绪如何？

反馈过程是一个经典的被称为"馈—反"（Feed-back）的过程。反馈会双向移动。因此，反馈的发生必然是一个相互表达的过程。一个人可以反思已完成的、正在经历的或已经经历过的事情。要想成功，必须事先明确，或者必须感觉到彼此间的兴趣，建立基本的肯定（Grundaffirmation），否则反馈的接受者无法找到自己的位置，开放并建设性地接受反馈。这就是为什么反馈者必须明确表示愿意与他人接触，从他们的眼睛里看到的是清晰的标志。

这是否也取决于正确的"眼光"？

是的，在很多方面都是。当涉及反馈时，尤其是说到关键点时，非常重要的是不要用中立、客观的眼光说什么是错的，而是接受你所批评的人的眼光——并在此基础上共同反思哪些效果好，哪些不太好。但如果你没有创造出相互开放的共鸣空间，反馈往往是有问题的，甚至可能是多余的或毫无意义的。

然而，反馈在学校和教学中是必不可少的。反馈对学生的学习进度有特别大的影响。教师也依赖于学生的反馈。共鸣教育中的共鸣反馈是否有特殊的规则？

建立共鸣轴是共鸣反馈开始的第一步，非常重要。如果共鸣轴是紧张的，那就意味着接受和给予的双方已经在共鸣空间中积极行动了。那么反馈就具有挑战的作用。如果不是这样，反馈就有问题。因为如果没有共鸣轴，就有僵化或相互忽视的风险。

人们总是寻求承认，害怕被忽视。这是我的导师阿克塞尔·霍耐特 ①（Axel Honneth）的一个基本观点。我坚信这一假设是正确的。课堂上发生的是一场争取认可、欣赏、被人看到的斗争，还有对被伤害的恐（Furcht）和惧（Angst）。也许"伤害"这个词也不合适，因为它带有精神分析的色彩。但被忽视，被冷落，这就是恐惧的基础。几乎所有人，尤其是儿童和青少年，都有一种根本的生存恐惧，就是害怕自己有欠缺，做得不够好，甚至存在于这个世界上就是个错误，他们害怕自己本质上不好。反馈越是强烈，就越接近本质。

如果反馈与我的自我形象不符，我的自我形象就可

① 阿克塞尔·霍耐特（Axel Honneth，1949—　），德国社会理论家，法兰克福学派第三代的代表人物。

以被视为受到威胁。然后人们就会反射性地保护和防御，反对自己不喜欢的反馈，但是这类反应往往会不再考虑反馈的内容，而是贬低反馈者：批评我的人大错特错，他应该先摸摸自己的鼻子，审视一下自己。

贬低猛烈批评我们的人是一种自然反应。特别是来自我尊敬的人的批评尤其伤人。但如果我认为批评自己的人也做不到，或者他是个白痴，那么他对我的轻视就显得不那么可怕了。反过来也起作用。我们重视那些重视我们的人。

后一种观点有时在师生关系中被忽视：相互欣赏是改正错误和反馈文化的良好基础。

我愿意接受批评并从中获得积极的东西，这种意愿会让我觉得自己备受尊重。但是，如果我在批评中感觉受到人身攻击或伤害，我就不再觉得这是建设性的。共鸣关系的反馈过程的根本危险就在于此。害怕被伤害的人，倾向于封闭自我：他不想"任何东西靠近他"。然而，这就离开了共鸣模式，因为"共鸣中的存在"（In-Resonanz-Sein）总是意味着会被伤害。

共鸣教育学是否能对此产生积极影响，又是如何产生的？

只有当你提供了一个能够迅速帮助改进的建议，而不是一千个所谓的客观意见时，反馈才会变得真正有建设性：你应该在演讲中这样做，那样做。我尝试让他理解为什么这样做比较合适，能够激励他的是什么。或者他因为什么感到害怕，那么我可以进行建设性地干预。但如果我在第一阶段使用抽象的原则、质量特征和标准，并在工作结果上叠加一个对错模式，就会引发自然的防御反应。

但是，如果我看到某些事情进展不顺利或做得不好，批判性的反馈和改进建议是否还合适呢？例如，当一个学生站在全班同学面前演讲时，没有任何眼神交流，说话也很安静。

如果我告诉他："大声说话，看起来会完全不同！"小声讲话，胆怯地站在那里已经体现出他害怕自己不够优秀。我的反馈会证实他的感受，但让人难以接受："你不够好。人们几乎没有注意到你，你必须以完全不同的方式去做！"我的想法有多好、多有建设性并不重要。向他回馈却十分重要："你说得真好，但是你说得太小声了。"（当然，这一定是真的。）只有从这一点出发，才有可能让他想想如何才能做得更好。

但在实践中，这难道不是避重就轻地"绕着热粥转"（um den heißen Brei herumzureden）么？

如果我想给学生提出建设性反馈，真正帮助他们，就需要时间来拓展共鸣空间。然后我也可以提出建议，比如如何更有效地传达信息、如何站在讲台上用眼神交流以及如何戏剧性地使用你的声音。在所有这一切中，重要的是考虑哪些要求应该被批判或优化，以及它们与行动者更深层次的恐惧甚至生存恐惧之间存在什么关系。尤其是在全班同学面前讲话时，恐惧深藏其中。

然而，有些人也不能接受积极反馈，积极反馈让他们觉得尴尬。被人赞美会让他们感到尴尬。

共鸣反馈的目标，就是要对积极的回馈保持开放。

积极的反馈肯定不意味着"捧杀"（Lobhudelei）？
"捧杀"是让人爱上自己，反而会助长自恋。

在我们的学校里，甚至在我们的西方社会，自恋都在不断提升么？
仔细想想，我们经常观察到的自恋行为，常常还伴随着某种攻击性或傲慢，几乎总是与深深的自我怀疑联系在一起，而行动者们可能根本没有意识到这一点。傲慢的外表和自卑情结的焦虑外表之间的界限非常细微。它们的联系非常紧密。

当然，我们创造了一种提倡自恋的文化。课堂上经常有这样的问题：我让人印象深刻吗？我是不是很棒？我的技术掌握得多好？我很棒吗？这样一来我们虽然得到了反馈，就陷入了一种容易让人误解的反馈文化。

这样一来，我们是否在提倡没有共鸣的自恋？

是的，反馈只能在共鸣空间中有效。共鸣空间一直是人们相互给予反馈的地方。即使我不认真听别人的话，我也是在给他们反馈：我对你说的东西不感兴趣。当我皱眉头或做鬼脸时，或者当我对他微笑或急切地记录时，或者……我用自己的行动给出反馈。

如果我因为只看到尖刺而看不到花，我该如何给出反馈？仙人掌是因为受益于强化和反馈，才开出了美丽的花？还是它开出这朵花以后，才得到这种积极的反馈？还是两者兼而有之？

在仙人掌的画面中，困难就非常生动了，甚至可能是教和学的悖论。只有当某种东西绽放、闪耀、发出光芒，以某种方式被看到时，我才能欣赏和承认它。但很多东西只有在获得积极反馈之后才能绽放、闪耀、发出光芒。即使是仙人掌，如果没有阳光照射，没有充足的水，它也无法绽放花朵。这就是共鸣，在我们看到花开之时，我们就要创造出这种共鸣空间。这意味着我们必须预见到花朵，我们必须有一种感觉，知道哪里会开出花朵。这首先意味着：我信任你！我相信你有能力变成一朵花，或是在我看到之前绽放一朵花。这从倾向上做出了基本的肯定。

以信任的形式？

是的，在信任之中，相互肯定的时刻会发挥作用，这是开花的先决条件。我已经预见到了稍后会有什么结果。花朵越是浓烈明亮，我就越容易印证之前的估计。

在开花之前，这个"仙人掌"学生在学校的共鸣空间里是如何感受到自己的？

每个教室里都已经有几朵花了，每个人都在说："哇，快看看我，我多棒！"这些花朵体验了足够的共鸣，也获得了足够的自我效能。他们还相信，当

他们接触到一种新的教材时，他们肯定会再次发光。但我们也发现，在每个教室里，也有一些"仙人掌"只长出了刺，因为他们意识到每一次触摸都会伤害他们。他们能感觉到每一次打开自己、每一次共鸣尝试的后果，并担心自己可能会受伤或被拒绝。他们一次又一次地体验到，世界对他们漠不关心，冷漠相对，甚至会拒绝他们。因此，他们试图保护自己，以免被这个令人厌恶的世界所伤害。这样一来，他们越来越难开花。这就是为什么他们得到的积极反馈越来越少。

这是否意味着他们得不到积极共鸣，而只是得到消极回应？

这正是我们在两种不同的反馈过程中看到的，积极的反馈过程能够让人敞开心扉，激励共鸣；消极的反馈却是异化模式，让人逐渐退缩。共鸣教育学的任务就是让这些困难的案例开花结果。

就像一个园丁看到他的仙人掌一样，他知道那些还没有开花的仙人掌总有一天会开花。他热爱自己的职业，并以一种不同寻常的方式与这些仙人掌打交道——他与它们交谈。这里藏着什么奥秘？

想要和植物对话，你不需要掌握什么奥秘。我们不知道植物是否能理解我们，并做出某种反应。也就是说，我们非常清楚它们不会说话，尽管有一些证据表明它们可能会对人类的语言形成某种形式的反应。但在我看来，重要的是我们与事物建立关系的方式，无论是仙人掌，还是其他事物。我们已经谈到了我们的西方理性主义世界观，关于我们与世界的工具关系。我们使用东西，能够感知原因和结果的因果关系，但我们失去了一种与这个世界的可能的诗意关系，也就是赫伯特·马尔库塞所称的"情色世界关系"。目前，社会学和哲学领域中有一种强烈的趋势，学者们认为造成这种巨大认知差异的原因是我们认为只有人类事物才具有应答的能力（Antwortfähigkeit）。

这种趋势在学校也能观察到吗？

我不知道。但如果我们回顾一下我们的文化史，我们可以看到还有其他模式适合学校。例如里尔克的诗："我喜欢倾听事物。"[24] 我认为无论谁与仙人掌交谈，都在建立一种世界关系，在这种情况下是一种使共鸣倾向成为可能的事物关系。仙人掌在触碰我，当它开花或开始开花时，它会打动我。照顾它，给它浇水，把它放在阳光下，仙人掌就会给我反馈。

从这个意义上说，我们对植物和动物的反馈过程是不是非常直接？

绝对是。我们只能以共鸣的方式与植物和动物互动。任何喜欢摆弄花园、花坛或盆栽的人都会知道这一点。这个时刻总是不受掌控。我们试图通过浇水和施肥来做出某些改变，但这并不总是有效的。植物有自己的声音，有自己的"意义"，当它们开花时，我们有一种感激的感觉：谢谢你的馈赠。我们和仙人掌之间好像有了一条共鸣轴。在与猫和狗的互动中，我们有类似的体验。有时小猫会发出呜呜声，会让我们心存感谢。有时我们为小动物做了一切，但它们却没有发出任何声音，因为它们心情不好，甚至没有来找我们。也就是说，整个世界需要进入共鸣模式。我认为，共鸣作为一种文化，我们将其仅仅理解为一种社会事件，可能就错了。

失调中的能力与共鸣

共鸣教育学关注一种特殊的错误文化。因此我想在共鸣中讨论能力。

"如果每个人都去想和去说同样的事，那就没有共鸣，只有空洞的回响。"这是你的核心观点，你在其中也表达了共鸣意味着矛盾。

矛盾和对抗并不是敌意。敌意是排斥，是相互伤害，是破坏共鸣。

如果许多事情没有像我们希望的那样奏效或成功，我们就会经历这种情况。然后我们继续寻找错误，从指责到揭丑（Bloßstellung）。另一方面，在共鸣教育学中是否存在一种对错误文化的同理心？

共鸣教育学反对将错误和失败视为坏事。在这里，区分能力和共鸣是很重要的：这是两件非常不同的事情。能力意味着安全地掌握一项技术，在任何时候都可以支配它，能将之以财产的方式化用。与之相对，共鸣意味着与一个物体建立关系的过程。当然，能力可以在这个过程中帮助我，但我从一开始就不清楚它会带来什么。共鸣包含着开放时刻和不受掌控，这将它与能力区分开来。能力就是化用，共鸣意味着与世界融合：在这一过程中我也发生了改变。

共鸣教育不重视能力（Können）么？

重视，但有所不同。我想（再次）用德语课上处理诗歌的例子来说明这一点。有能力解读一首诗意味着我能识别韵律、韵脚和节奏。我可以把它归属于一个时代，并定义其文学主题。我可以很好地处理技术性问题，即使这首诗没有告诉我任何事情，没有对我产生任何影响。在这里，我们就在没有任何共鸣存在的情况下使用能力。其他学科也是如此，比如在处理历史、物理和生物学问题的时候。所有接受过能力训练的人，都尽可能地不犯错误。

获得能力是否会导致恐惧犯错？

不一定。但是，重视技能要求人们用"对错"图示来进行回答。共鸣关系更加强调融合过程。我正在为一种教材而挣扎，但是这一过程对我来说很有意义。这样的事情经常发生，我沉浸于一首诗，但这首诗让我身上起鸡皮疙瘩。

当我想起学校时，它在我看来就像是一场梦幻般的舞蹈表演。

但这是共鸣教育学中有形的、亲身经历的转变。在学校中发生的次数，要远远多于我们的想象。这意味着，首先我敞开心扉，让自己变得敏感；继而我要转变。当我处理这首诗、这个故事和这个理论的节选时，总会发生些什么。在这一过程中，也总有不受掌控的时刻。我还不知道这到底意味着什么。在这样的情况下，在这样的融合过程中，我会——现在关键的事情来了——尽最大可能犯错。

80

Dieser Weg ist Keiner! 意为此路不通！ ——译者注

但是，在一个良好的错误文化中，在处理错误的专业过程中，能力是否发挥了作用？

刚开始的时候，它没有发挥任何作用。但是接下来，我会考虑我是否公正地对待了这首诗。但我首先必须摆脱这种掌控教材的疏远模式。否则我就无法真正和教材融合。这就是为什么我相信一种有意义的文化允许错误，无论是在它自己还是在其他人身上。对能力的强调阻碍了这一进程。在融合的过程中，能力再次阻碍了发展。共鸣教育学中的这些过程对错误高度敏感和包容。

81

如果有人指出一条路，同时又说这条路行不通，照片上的这个"此路不通"的标志会触发什么？

这是一种明显的自相矛盾，或者说是表述中的悖论。这条路被标记和称呼为道路，同时又被标记为不能通行。我认为这是一条虚幻的道路（illusorischer Weg），所以我们首先想到的一定是不要尝试。但同时它又会变成挑战，无论如何我们都想要试试。人们不禁要问：为什么此路不通？这条路几乎就在你的面前，这一警告没有得到解释，也让人觉得不可信。如果想要尝试一下，那就要面临挑战。如果有可能继续沿着这条路走下去，那么我就和这条道路最初的意义融合。从这个角度来看，自相矛盾的声明与其说是威慑，不如说是一种邀请。

如果指令不明确，我该如何处理？我想给出一个正确的答案，一个好的答案，如果可能的话，一个真正好的答案。但是接下来，我到了一个我不知道怎么办的地方。我不知道自己陷入什么境地，不知道结果会如何。如果我不想冒险，我就宁愿放手吗？

所以我认为"此路不通"实际上标志着：如果你尝试这样做，你会不知道自己在经历什么。有了这个想法，我又回到了共鸣中不受掌控的时刻。就学校而言，这意味着教师和学生都必须愿意尝试他们不确定是否能实现目标的方法。其中隐含的理念是，共鸣并不总是成功的，但在成功的地方，又会产生变革性的影响。这意味着你无法预测共鸣过程的结果。

82

把自己纳入共鸣过程中，是不是很危险？

危险，但是充满乐趣。这也达到了自由经济中的领先水平。公司试图通过共鸣技术实现团队建设。团队不仅在功能上融合，发展出获得成功的能力，而且营造出一种能真正相互触动和触碰的环境，在其中产生共鸣。在其中真正蕴含着释放出创造性成就的可能性。但任何一方参与者，甚至领导者，都不能控制结果。

"彼此创造，创造彼此（Menschen, die miteinder schaffen, machen einander zu schaffen）是一条自然法则。"[25] 弗里德曼·舒尔茨·冯·图恩① 这样描述这个过程。有些人觉得它太丰富多彩了。

任何共鸣实验都和风险相联系。对于那些设法将课堂转变为共鸣区域的教师来说，情况可能就是这样。在上课之前，不能保证最后会发生什么。

---

① 弗里德曼·舒尔茨·冯·图恩（Friedemann Schulz von Thun, 1944— ），德国心理学家，主要关注人际沟通和内心沟通领域。——译者注

但最终的结果是分数。

我看到了一种基本的对立。在比赛中，失误当然是致命的。分数也是一个竞争系统。如果你犯了很多错误，你就会得到一个糟糕的分数。但我不会因此而弃用分数，因为分数是一种快速的沟通方式。分数是关于成就水平快速而有效的反馈，但分数处于竞争模式和竞赛模式，这种模式与共鸣模式并不协调。

竞争和共鸣不能混为一谈。这是否意味着他们甚至对彼此怀有敌意？

这是我最喜欢的论点：要么与人竞争，要么产生共鸣。

无一例外？

当一个学生认为另一个人是竞争对手时，他们之间就无法建立共鸣关系。他不想被触碰，当然也不想让人伤害。这样一来，要么是挺胸抬头，趾高气扬，要么是挥起拳肘，一顿猛击。这意味着一种竞争文化，在这种文化中，所有争论都是为了比其他人更好，或者只是为了赢得竞争，这种文化专注于竞争，而不关注于共鸣关系的意义。

但竞争不是一个激发活力的因素吗？

一般情况下不会。在各个层面、各个角度推广竞争的想法已经成为一个重大的社会问题。一些孩子经历了对失败的恐惧，经历了被羞辱或排斥，有时甚至在生理上体验到厌恶。

这意味着什么？

当一些孩子参与运动或业余运动队时，"总是"感觉没有人想要他们。有时厌恶，有时排斥，有时甚至会从身体上表现出来。孩子被向后拉拽、来回推搡。如果这种情况发生在学校，学校就成了学生被异化的地方。所以学校成了他厌恶的地方。学校要变成一个安全区，防止他们受到任何形式的羞辱。

当然，仅仅一次错误不会让人丢脸。良好的错误文

84

化不是将之公之于众。一次失误不至于就尽人皆知。但是在课堂上应该如何处理错误呢？

一所成功的学校就是一个共鸣空间，它能够形成一种完全开放的错误文化，一种没有恐惧的反馈文化。即使在大学里，学生们仍然会经历给予和接受建设性反馈的困难。共鸣教育学的一个特点是，无所畏惧地讨论什么成功了，什么失败了。过度的竞争文化对这种过程是非常有害的。

正确处理错误——这里有一个很好的教师榜样。在《梦幻教师》①（*Alp Traumlehrer*）一书中，一位学生谈到了她的老师从来不对错误大惊小怪。"如果答案错了，那就错了。如果这位老师犯了错，或者有什么不知道，只是说明他错过了某种特殊的方法。如果没有准备好正确答案，这位老师会完全不受困扰地说出来，并开诚布公地调侃道：'可惜同学们想要的答案现在在掌控之外。

---

① 《梦幻教师》（*Alp Traumlehrer*），2015 年由格玛出版社（Gemma-Verlag）出版，作者艾林格（Ellinger）和布鲁纳（Brunner）记录了 460 位德国学生对于他们老师的回忆。——译者注

明天我再试一次。'事实上，第二天正确答案就在掌控之内了。"[26]

一个很好的例子，这里的共鸣轴显然是打开且完整的。如果学生和教师都觉得他们正在相互影响，彼此都很重要，那就可以说：我现在不知道。但是，如果共鸣轴已经损坏或根本没有打开，如果教师觉得学生们无论如何都不欣赏自己，或者只是等着自己出丑，那么教师就很难承认自己的无知。

这也会对课堂上的错误文化产生影响吗？

教师对错误的恐惧会转移到学生身上。学生们一旦不知道问题的正确答案，就会认为自己已经失败了。共鸣教育学的一项特殊成就是让学生了解到还有许多问题没有正确答案，甚至连不正确的答案都还没有。这就是对学生的邀请：想在明天之前找出答案吗？我去试试，你们也要试试看。

然后，学生们也开始寻找自我效能的体验；他们可能会自己找到答案，并为世界的一部分发声。学生们意识到现在被问到的问题没有正确答案，一旦把教材给我们，这件事就过去了，我们遇到了不受掌控的时刻，这样的情况是极有机会产生融合的。正如教师引用的那样："答案现在在掌控之外。"我们在某种程度上向世界发出了"呼吁"，但我们没有得到答案，让我们来试试为世界发声。如果因为教师不知道答案，然后大家共同获得了答案，那么学生体验到的教育，就比教师给出合适答案的教育要深刻得多。

信任创造共鸣区域

被给予的信任会自我增强，信任是一种能够通过使用而不断增加的资源。

信任建立在过去的经验之上。糟糕的经历会让人产 生恐惧，产生怀疑。让我们来看看《地狱中的俄尔甫斯》[①]（ *Orpheus in der Unterwelt* ）：他被允许将他的爱人欧里迪克（Eurydike）从死亡世界中带回来，条件是他不能转身。为确保欧里迪克真的跟随他进入生界，他转过身，却第二次失去了他的爱人。如果缺乏信任，代价会很高。

---

① 《地狱中的俄尔甫斯》是一部由雅克·奥芬巴赫（Jacques Offenbach）创作的谐歌剧，取材于俄尔甫斯的传说，于1858年首次演出。——译者注

是的，我相信这个神话，有了这个寓言，教育中的许多过程都可以被理解。我目前在布伦什威克开办中学生学院。这再一次让我清楚地知道信任是教育学的基本原则。我们经常在学生的反馈中读到信任对他们的重要性。有些人写道："一生中最重要的经历是我们没有辜负这份信任。"

学生们没有辜负这份信任？

相互信任可以产生共鸣区域（Resonanzzone）。提升孩子和年轻人的信心是他们人格发展的基础。当我告诉一个孩子，"如果你撒谎或偷窃就会被发现！我在这里安装了摄像头！"这不能培养诚实或可靠的道德品质。建立信任要更进一步：信任孩子，相信他们的所为，这会增强他们的自信心。

这种信任包括让他们承担责任吗？

这就是吸引人的地方。当孩子们和其他人一样，感觉自己参与到解决问题之中时，他们就会变得更加自信。被给予的信任可以自我增强。给予信任让接受

89

者有了责任感，也证明了这种信任的合理性。被给予者感觉得到了肯定，双方的信任继续增长。俄尔甫斯的情况不同。他不相信这个承诺，他想确保欧里迪克是否真的跟随着他。这样一来，他就埋葬了自己。

但是这还有可能变成错误地估计现实，盲目地相信。

但是接下来就会是尝试，课堂上总有这样的情况，教师说："自己动手，我相信你们一定能独立完成。"但如果事情出了问题，他们会马上改口："好吧，如果不成功，我们试试不同的做法。"然后学生们会遵循告诫、指示或列表。这样一来，最初的信任关系已经被破坏。这是一个艰难的过程，通常是一个有风险，有时甚至是危险的过程，会辜负学生的信任。但冒险是值得的，如果事情出了问题，一起考虑一下实际情况。反思也是正确处理信任的一部分。

在几乎所有的学习过程中，反思（Reflektieren）都会被共鸣教育学大写强调么？

当我反思时，我也意识到了自己的责任。这种共同责任的信号对学生来说极其重要。我们很少在学校创造这样的机会。列宁对鸟类的态度也被用于社会："信任故好，控制更佳。"（Vertrauen ist gut, Kontrolle ist besser.）但是正好相反，它恰恰破坏了这种基本的共鸣轴。

顺序反过来能不能接受："控制故好，信任更佳？"

当我们进行哲学思考时，我来谈谈康德，他原则上建议以这样一种方式创造规则，即使是妖魔鬼怪也能一起和平地，甚至于正常地运用规则。但我认为这也是错误的。我不想在学校课堂上施行规则，即使参与者是魔鬼。

那会是什么样的？

所以我的信条是：妖魔鬼怪的规则要由妖魔鬼怪来创造。换言之，只有课堂上的魔鬼们认为这里的一切都有问题，他们被干扰、欺凌、剥削和伤害，而且总是如此，才被激励去制定规则，施行惩罚。

但是，如果这种行为在课堂上已经成为日常秩序了呢？

即便如此，我还是把赌注押在信任上。我认为，不应该以制裁、惩罚和控制来回应被滥用的信任，而应该再次给予信任，并以这种反思来回应。应该思考如何创造条件，传递信号，恢复信任关系：我信任你，我相信你在遵循游戏规则。并不需要太多语言。我根本不关心"遵守规则"这个话题，而是关心一个人类层面的信号：我相信你的为人。我愿意敞开心扉，因为我相信你，因为我信任你。信任是一种因为使用而增加的资源。

信心增强很可能还要经历困惑、不安和超越的阶段。就像这张照片中的情形一样：年轻人正在尝试渡过小河，只有几块石头作为支撑，接下来问题来了：谁帮助谁，谁支持谁？

你可以看到，这种关系总是与风险联系在一起。没有风险就无法成功。如果谁想要建立绝对安全的关系，在处理彼此关系时没有这种经历，那最终一

定会失败。这两个人——我想他们是孩子——手牵着手，他们只能非常小心地相互给予和索取、扶持和放手，好让自己保持稳定。如果他们以这种方式相互帮助，保持稳定，他们很可能会设法穿过这条河或小溪。但他们有掉进水里的风险。当然，只有我确定我掉进水里只会把自己打湿，不会危及生命，还能从水里爬出来的时候，我才能做好承担风险的准备。

帮助指向的"共鸣指南针"

有悬崖的地方，就有桥梁临危承重。

我曾与身兼哲学家和作家的娜塔莉·克纳普 [①]（Natalie Knapp）交流过你关于共鸣的研究。然后她写信给我："让我们建立一座通往世界的桥梁，即使世界发生了变化，桥也会继续承载压力。" [27] 这也会成为共鸣教育学努力实现的一个和谐画面吗？

共鸣是两件事之间的关系，人们可以很好地想象桥梁的形象。桥梁的重要之处在于它可以承载压力。任何想使用它的人都必须能够相信它能坚持住，通过它能够安全地到达对岸。

[①] 娜塔莉·克纳普（Natalie Knapp，1970—　），德国哲学家、出版人。——译者注

教室里有这样的桥吗?

教师必须、而且能够在课堂上不断建立关系,以触及学生。这种基本的人类活动是一种天赋。但由于专业要求、绩效评估和竞争机制,人们可能会在课堂压力下丧失这种能力。因此,关注桥梁建筑艺术是很重要的。

这里的"桥梁建筑艺术"是什么意思?

桥梁具有跨越空白空间(leerer Raum)的特性,即使面临深渊,它们也能建立关系。它们总是具有辅助作用。这正是教育学的任务,即使在空白的空间内也能架起桥梁。这意味着,即使学生缺乏基础知识,缺乏对自己的信任和对世界的信任,也依然能够沟通。

在这种情况下,教师是否应该先和学生一起去森林里收集木材并与他们一起工作?

这样一来人们就能亲身体验共同建造桥梁的先决条件。劈裂树木、挥动斧头的时候,整个身体都在运动。树木之中有世界关系的形式——哪怕是一种劈裂的世界关系。这也是一种探索性的世界关系。在劈裂树木的过程中，我会意识到这里有纹路。如果我砍向枝干，就会产生阻力。鲜活的树木和干枯的树木之间也有差异。通过这种方式，我以一种新的方式亲身体验了世界的一部分，体验到了木头和树木。我闻到它们的味道，我感觉到它们，如果被劈起来的木头打到我的小腿，我甚至会觉得疼痛。这是一种物理形式的转变，是一个双方都发生实际变化的共鸣过程。

材料就这样被打开，哪怕只是劈开，实际上是一个批判的过程，在区分、分裂、分化的意义上，也引发了主体在所有可能方面的变化。在未来，你会对木头有不同的看法，你会有不同的感觉，你甚至会闻到不同的味道。这就是为什么砍柴对许多人来说甚至是一种业余爱好。你突然意识到这是一种欲望，而不仅仅是一种负担。但如果我只是觉得它是一个负担，我仍然必须劈开这些"烦人的东西"，一切都会让人筋疲力尽，我会把它当作一种沉默的世界关系来体验。

另一方面,现实世界的关系中,事情还可能会"进展迅速"。分化带来变化,变化带来发展。在回旋中能找到正确的道路么,共鸣指南针能帮助我们么?

提供共鸣指南针不是那么容易。但我认为我们可以尝试开发一个。这是一个很好的工具,可以向我们展示在哪个方向能找到解决方案,就像磁场或力场上的指南针。我认为,我们应该努力在我们的世界关系和生活方式中找到一些方向。然后我可能会问自己,我向自己承诺的生活是什么,而现在我错过了什么?然后我们可能会发现,这不是为了积累资源和能力,正确的道路并不能让我们拥有更多的健康、更多的关系、更多的知识或更多的金钱,而是为了找出世界上哪些地方、哪些人、哪些部分、哪些文化事物可以吸引我们,可以让我们发出声音。

我们会被建议用这样一个"共鸣指南针"来改变我们的搜索扫描区吗?

我坚信是这样。因为这是现代社会的一个系统性问题，我们严重高估了事物、物质、拥有和占有。尤其是在异化的状态下，人们常常会被缺乏某物的问题支配。他们常常会想："如果拥有这个或者那个就好了。"众所周知的是人们高估了物质需求。人们认为，如果他们有更多的钱，更大的房子，更好的车、别墅、船或其他好东西，他们会过得更好。但是关于幸福的研究表明，事实并非如此。每个得以实现的愿望都会引发下一个愿望。

正如我们在许多孩子的物质需求中发现的那样，这是一种连锁反应吗？

娇生惯养（Verwöhn-Elemente）会让孩子们的指南针偏离方向。他们想，为了拥有更多的朋友、真正的朋友，为了改善和朋友的关系，他们需要拥有什么：也许我应该有某个品牌的衣服？我应该化妆，以显得更有吸引力，或者是做其他外表上的改变？成年人和儿童将（不得不）认识到，良好的生活并不是通过获得什么东西而成就的。生活不会因为物质而变得更好。

如果只把工作当作"自己的事"（mein Ding）会怎么样？

如果工作中没有任何回报，没有共鸣时，就会出现倦怠的迹象。许多证据表明：如果成功不被感知或庆祝，而只是作为无尽链条上的一小步，不能被承认，就会发生倦怠。倦怠是因为共鸣轴静音了。

在智能手机时代建立关系

让世界变得触手可及，会让生活变得更好么？

在智能手机时代，关系文化发生了变化。Z世代的儿童和年轻人（出生于1995年至2010年之间）出生在一个数字世界。他们对这个世界的认知完全不同。这对学校的学习文化有什么影响？

教师和学生之间存在着双向误解。即使是年轻的教师在童年和青年的时候，手机最多只能打电话。尽管今天的教师熟悉新媒体，但教师和学生对彼此行为方式的陌生依然非常明显。

陌生到双方都会感到惊讶么？

但这不仅仅是由于技术。在这里，不同世代之间的相处方式变得更加清晰。这是一种很正常的人际关系现象。

几岁的年龄差可能就足够了。以汉堡的一所学校为例：一名15岁的小姑娘报告说，她最近在操场上观察了孩子们。一个小男孩在接力赛中突然停下来，看了看手机。小姑娘觉得"非常糟糕！"[28] 同样，其他十五六岁的孩子也对三四岁的孩子在沙箱里使用智能手机感到困惑。这样的评估和评价，是不是也和当时没有人用这个东西有关？就像家庭中的哥哥或姐姐抱怨，他们的弟弟妹妹可以被允许做所有事情？

年轻人的所作所为经常受到老年人的怀疑。诚然，一代又一代人的成长方式不同，做事方式也不同，但这种差异却总是被认为有问题。这并不是什么新鲜事，它已经持续了很多代，可能几千年了。

101 **但是换代周期是不是越来越短？**

确实是这样，十五、十六、十七岁的年轻人常

说，他们和小五岁到十岁的年轻人的成长经历完全不同。

汉堡巴克霍恩中学（Gymnasium Buckhorn）的一位教师更直接地告诉他的学生："你们在谈论比你们年纪小的人时，听起来好像一个上了年纪的文化悲观主义者。"[29] 那么，相互误解的循环是否正变得越来越快？

赫尔曼·吕贝 ①（Hermann Lübbe）作出了肯定的答复，并将其概括为当下的塌缩或社会变化的加速。[30] 这是一个有趣的论断。另一个有趣的论断是，人们关注的方向似乎总是一样的，回想起来，故事听起来总是相似的：我们还在外面玩。我们仍然在大自然中，与大自然接触。每一代人都认为：我们的成长方式仍然是正确的。这种比较与智能手机时代之前的电脑或电视有关。所以我们不应该把它戏剧化。然而，人们看到了一种文化趋势，也是一种文化怀疑，表达了某种形式的失落世界。事实上，我们再

102

---

① 赫尔曼·吕贝（Hermann Lübbe，1926—　），德国哲学家。——译者注

也无法用我们所有的感官与整个世界融合，这是现代性的一个基本文化问题，也许并非完全没有根据。

但也有全新的可能性。或者正如你所说："智能手机把世界带进了我的口袋。我把这个世界上的所有知识带在身上，包括触手可及的所有书籍、电影和音乐。我们相信，如果有更多的世界触手可及，我们会过得更好。"的确是这样么？

我们必须问问自己：为什么我们希望世界触手可及？因为我们认为，通过这种方式，我们可以碰触到世界上真正与我们产生共鸣的那一个部分。我们能找到真正打动我们的音乐，遇到可以与之建立共鸣关系的人，找到满足我们娱乐或冒险需求的风景。这种持续的渴望让更多的世界可供驱使，变得触手可及，但却不能让我们的生活变得更好。

智能手机时代的人们对此却持有不同的看法。

我们被许多假象欺骗。我们并没有真正找到我们要找的东西，因为我们没有朝着制造共鸣的方向发展。在这种情况下，这种"扩大世界作用范围的方案"（Reichweitenvergrößerungsprogramm）是有问题的。学校必须注意，讲授教材只能扩大可以接触的范围，提升学生能力，但是不能让学生为教材发声。

这需要面对面，不是吗？波鸿大学医学院的心理治疗师贝特·维尔特[①]（Bert te Wildt）指出，密集使用智能手机而造成的损失已经被忽视，比如真正直视对方的能力："很多人相信，可以用Skype直视对方的眼睛。实际上人们做不到。"[31]

共鸣关系一直都具有超越眼睛的身体维度。我认为屏幕是共鸣潜在的杀手。这并不是因为它们本身就有问题，或者本身就存在有害影响。我认为Z世代正在发展一种世界关系。在这种关系中，屏幕成为通往世界的单一渠道，是与世界的唯一联系。这是因单方面削减而产生的贫困。我们整个社会正朝着这个方向发展。我们所做的一切都是以屏幕为

[①] 贝特·维尔特 (Bert te Wildt, 1969—)，德国医生。——译者注

媒介的。我们通过屏幕相互交流，在屏幕上学习，在屏幕上工作，在屏幕上玩耍，通过屏幕谈论电影或音乐或其他事情。所以这个屏幕、这个光滑的平面成为我的单一通道，我唯一的世界之门。顺便说一句，我们总是用同样的身体部分来参与世界：眼睛和拇指。所有的东西都经过眼睛，然后在大脑中触发符号处理，然后是同样的拇指滑动动作。

但是，多样性的信息不应当以多样化的方式接收和处理么？

"App 文化"（手机应用文化）的问题在于它会加剧融合的困难。我还没有掌握这些信息，它就又消失了。还有一件事：无论是工作、休闲、娱乐，还是性生活，我们基本上都在使用身体上的相同部分，因此置身于世界的存在（In-die-Welt-gestellt-sein）的方式大大减少了。这就带来了一极化，我们在表达上的文化因而变得匮乏。因此，我不想说屏幕本身是有害的，但我们要做的是要实现屏幕之外的互动和与世界的相遇。

贝特·维尔特预测，对智能手机的依赖将不断增加。所以到了今天，三岁的孩子已经用这种媒介来玩游戏了。关于社会，罗波 ① (Sascha Lobo) 在他的《明镜在线》(S.P.O.N.) 专栏《人类机器》中写道，智能手机是"从经济到媒体，从文化到移民的变革象征"[32]。然而，智能手机似乎也会对身体、姿势和视力产生影响。有研究表明，密集使用小屏幕会导致近视。美因茨大学医学院眼科主任普菲福尔 (Norbert Pfeiffer) 提到，抗击流行病的办法只有一种，那就是预防。眼睛的损伤是不能逆转的。"青少年时期的近视可能会持续一生"，普菲福尔说："只要眼睛还在生长，影响就会持续。"只有一个办法长期有效："尽量多到户外去休息。"[33]

这是个好主意，尽管如此，非常明确的是智能手机正日益成为我们与世界的纽带，成为世界哺育 (nährend) 我们的数字脐带 (digitale Nabelschnur)。在这里的"哺育"便是一种共鸣视角，是一个可以

---

① 萨沙·罗波 (Sascha Lobo, 1975—)，德国网络博主，作家。——译者注

作答的世界，一个可以相遇的世界。

我们在学校是如何面对这个世界的？如果Z世代的孩子在学校里没有随时可用的智能手机，他们该如何应对？

这是一种身体上的感觉：如果没有智能手机，我就与朋友隔绝，与世界隔绝。年轻人需要在社交媒体上不断得到反馈，哪怕他们在早上得到了很多点赞，两个小时后，这些点赞对他们来说已经不够了。他们会觉得，世界可能已经忘记了他们，他们不再被感知。这迫使他们循环往复，这显然缺乏真正的共鸣质量。可以毫不夸张地说，如果这些年轻人没有智能手机在身边，他们就好像感受到身体上有所残缺。

当学生在课堂上使用智能手机时，你对他们的反应如何？他们关注你在平板电脑上提供给他们的幻灯片时，也一直在智能手机上浏览。你是平静地接受这一点，还是认为这并非一个巨大的干扰因素？

我真的不能责怪我的学生，因为我自己也具有这种倾向。我参加了很多会议，有时在参加同事的讲座或会议时，我总是拿起智能手机。当它因为收到信息而振动时，我受到某种诱惑，但有时只是因为我疲倦了，只想在《明镜在线》上简单浏览世界上发生的事情。但我必须承认，当我看到与学生们在一起时也发生这样的情形，我很困扰，因为我觉得共鸣线没有振动。

在学校里，对使用智能手机有不同的规则，但几乎所有地方都禁止在课堂上使用手机。共鸣教育学对此有哪些建议？

没有普适规则。然而，我认为课堂应该是一个没有智能手机的时空（Zeit-Raum）。在集体中，比如学校班级，这样的规定也让学生松了一口气。

在比格特（Horst Biegert）教授的建议下，美因茨的施坦因合维尔中学（Steinhöfelschule Mainz）创建了自己的课堂智能手机使用模型：手机车库，看起来像降临节日历，挂在黑板或白板旁边。学生们把手机或智能手机放在"停机袋"里，每个学生都有一个固定的地方放他们的移动设备。因此，关闭的设备在课堂上仍然可见。"我看到我的手机在那里"的心理状态似乎有助于接受课堂上的禁令——甚至在年龄较大的青少年中也是如此。[34]

　　如果教师和学生都同意这样的规定，他们可以感觉到，令人不安的时刻是如何转化成共鸣时刻的。

幽默是共鸣关系的指标

> 笑和哭泣时的眼泪都是世界关系液化的标志，僵化的事物逐渐松弛。

从学生们对教师特别欣赏的程度来看，幽默是最重要的。幽默在共鸣教育中也扮演着特殊的角色吗？

是的，幽默甚至是成功的教学和良好的学习环境中的决定性因素，在这种环境里可以形成共鸣三角。我喜欢把共鸣关系描述为世界关系的液化。通过眼泪我们可以看到其他东西，眼泪意味着坚固的事物逐渐化解，事物具有了流动性，变得可以振动。眼泪确实是世界关系流动的强有力指征。眼泪是一个指征，代表着我们被触碰，这一刻，共鸣时刻发生了——无论我们是在痛苦中哭泣，还是在喜悦中笑着流泪。

学生想要幽默的教师时不会有这么多奢望。

幽默不是一种形式，而是倾向。笑声消除了僵化，普通的笑声也引起了集体的变化。笑是双方共鸣倾向的信号。当一个教师以愉快的微笑或出声的大笑迎接他的学生时，他会找到适合他学生的一根共鸣轴。

但是，如果课堂上的情况没有引起愉快的微笑呢？如果教师只表现着心不在焉，或者拒绝的神情怎么办？

不感兴趣和无精打采是僵化的标志。这就意味着，想要破除僵化，就需要幽默地处理。

所以你可以自信地处理这种情况吗？ 109

幽默是处理各种不足的基本态度。消解僵化创造了一个学习和工作环境，在这个环境中，一个人是可以犯错误的。幽默在共鸣空间中是一种强大的动机。

幽默在课堂上达到的效果也可以被测量，尽管幽默作为学习中的一个成功因素尚（仍）未得到准确和科学的测量，但丹麦的一个研究项目[35]和"教学幽默"[36]的实证研究结果表明，笑会让学习更容易。

课堂上的笑是共鸣教育学的基本原则。它就像短暂地打开窗户，让房间好好通风。然后人们又能精神饱满地开始工作。

有了这些笑声，就没有人需要害怕被嘲笑了吗？

嘲笑是令人厌恶的时刻。笑和嘲笑之间没有任何共鸣。

讽刺的幽默呢？如果一个学生不理解教师针对他的讽刺，但其他同学们却很理解，并且以此来取笑于同学？

平等者之间的讽刺可以表达出一种巧妙的对抗，这也是一种幽默。讽刺是扎眼而多样的。如果教师成功地在互动层面创造了一个共鸣空间，这种带有尖刺的幽默也可以在师生层面发挥作用。然后，他的学生可能会在内容层面陷入愤怒或对抗。任何以牺牲他人为代价的事情都会带来僵化，并倾向于产生排斥效果。

受制于认知或语言能力，儿童和许多年轻人不理解讽刺。他们从字面上理解讽刺的话，无法感到开心。但当别人笑的时候，他们会感到被排斥，也可能会哭。

如果一个学生在师生互动中已经受到伤害或感到不安全，那么讽刺就不再有趣，甚至可能成为进一步破坏互动的手段。顺便说一句，我相信这种破坏不会伤害到某个孩子。如果一个教师以牺牲孩子为代价开玩笑，认为自己赢得了全班的胜利，那他就错了。在大多数情况下，其他学生都能感受到刚刚发生的事情。一些人怀疑下一个被边缘化的人可能就是他们自己。最后，教师自己也会被排斥在外。

有时，尽管教师有很多专业知识，还是被学生们称为"笨狗"。这并不是幽默，而是班级走向异化模式的标志。

幽默不是一种智力技巧。幽默是一种世界观，是对世界、对自己、对他人的一种性格态度。一种总是有所期望的态度，一种不把事物工具化的态度。这是一种宽容的态度。

111

如果你记得一个令你开怀大笑、体验到幽默的情景，那么当你再次面对这种情境时，你就会唤醒它，通过你在那一刻的面部表情识别出它。这是否意味着我可以把内心的微笑变成外在的微笑？

存在这样的自我表达式共鸣。早期经历的记忆使我在后来的自我中进入一种关系，然后展现在我的外在身体姿势上，从而表达了我与世界的关系。

共鸣研究者个体的共鸣经验

> 我将一颗小石子扔向湖中，这展现了共鸣关系。

一个周日的早晨，哈特穆特·罗萨坐在家乡格拉芬豪森教堂里的风琴前，演奏着一首结束曲："一块石头掉进了水里，非常隐秘和安静；尽管它很小，却引发了涟漪。"[37]

亲爱的哈特穆特，从这个田园诗般的黑森林村庄开始，你被广阔的世界吸引，从耶拿、柏林、巴黎、伦敦，再到纽约的大学。你的影响引发了涟漪。这与格拉芬豪森为你准备的那块小"石头"有关吗？

这张照片确实很适合描述我与世界的关系，以

及我试图在这个世界中定位自己的方式，因为它取决于这块小石头落在哪里。如果我把它扔到岩石上，什么也不会发生。这将是一种令人反感的世界关系，在这种关系中，我甚至可以扔一块大石头，因为它只会反弹而不产生任何影响。如果我把小石头扔到湖里或池塘里，它会让东西动起来，引起共鸣关系——在这种情况下甚至可以看到形状优美的涟漪。将一个人置于世界的方式与位置也是如此，这会影响你在那里的感受和行为。即使我在纽约、伦敦或柏林待了许多年，我仍然觉得，好像有什么东西锚定在我黑森林的家乡，这就是为什么我总是喜欢回来。这像是那个我观察的池塘，因为一块小石头而激起波澜。

画出这样的圆圈不仅有地理意义，还更多地体现在与人的交往之中。你关注小群体，比如在乡村教堂中的人。但几天后，你在教堂会议上会面对一大群人。在那里，你在一万人面前发言，并与联邦总统进行讨论。几天后，你再次带领一小群人穿过一个小型的"时间博物馆"。什么事情会激励你花时间处理小群体中的小事情呢？

115　　对我来说，具有决定性的是我与世界的联系方式，无论世界的另一侧是一万人还是十个人、是两千人还是两个人，对我来说都是一样的。

　　然后你进入了完全不同的维度。你面对的是太阳系、星系和无穷大的宇宙，这已经超出我们的想象力。即使作为一名天文学家，你也能够自得其乐。你在宇宙中能感受到像在家中一样自在吗？

　　也许是吧，当然也有另一种意义。我相信，在看星星、与星星打交道的时候，会打开完全不同的
116　世界。离我无限远的天体和星系也许也会影响我的共鸣理论。这种将当下和当下无法理解的远方联系在一起的感觉——它们距当下无限遥远，但在我看来仍然存在——使我能够获得一种无法超越的世界体验。

　　你还记得在什么时候，恒星系统以怎样的方式吸

共鸣研究者个体的共鸣经验

引了你？你小时候看到的星空是不是更浪漫，在之后某个时候它激发了你的探索欲，让你想了解更多的东西？

我记起在我不到三岁的时候做过的一个梦。我看到自己坐在红色小童车上，用双脚蹬地往前走。我梦见自己一路前行，在突然抬起头的时候看到了头顶的星空。我对梦中和梦醒后的景象都记忆深刻。也许这个梦有真实的一面，在黑森林里的一个星光灿烂的夜晚。但这个梦给我留下了深刻的印象，以至于多年后它一直在我眼前。至今我的激情还没有完全消失。最终，它重现于我的学生时代，出现在多洛米蒂山（Dolomiten）。在那里，一位学友安装了一台望远镜，向我展示了仙女座星云。他向我解释说，光需要200万年才能来到我们面前，被我们看到。我在这里一眼就能看到千亿颗星星。这太不可思议了，我被迷住了，被抓住了，就好像是一种触发器。对我来说，这几乎是一次神秘的经历。

也许还有另外一次经历，让你有机会鼓励人们为一件让人难以置信的事情而着迷。当你用望远镜向其他人解释那里的关系是如何变化的，具有哪些维度，他们会为之着迷（我把自己也算在内），尽管我几乎不理解你在解释什么。你有没有经历过被你不理解的事情迷住的时刻？

这种体验是有条件的，真正有魅力的是游走在边界上：如果人们对理念的内容完全陌生，那就无法被吸引和触及；但是如果人们跨越边界，就会理解这些事情非常重要。你可以感觉到还有许多事情留待人们探索。与其他人或物建立关系的感觉是共鸣体验的基本结构。我相信，只要人们还守护着秘密的意义，人们就有共鸣的能力。

在学校里有什么秘密？

例如对许多学生来说，诗歌或韵文是一个遥远的世界。一首诗仍具有一个我不完全理解的秘密。这也适用于艺术和其他美学现象。

那么，为了激励学生，怎么让他们在不马上理解的情况下，也能找到有趣的东西呢？

让我们上一节宗教课。在所有一神教中，我们所称的"神"都是无法完全理解的，只能用世俗化、艺术化的方式体验。有些东西超出了我的理解，仍然无法接近。也许当答案出现时，这种意外和惊讶会启动一个新的反思过程。这不仅仅是纯粹的提问，而是一种接受的态度，一种被感动和惊讶的意愿。

你就是这样进入学界的么？作为一名学生，你有这种求知欲么？也许在小学的时候就有？你是一个求知意愿比课堂上要求更多的孩子吗？你会因为提问感到紧张吗？

是的，我小学时就是这样。国情课上，我们讨论过德国的分裂问题。我记得我不明白为什么一个德国是由两个分裂的国家组成。我想我经常因为提问惹恼教师、父母和同学。也许那时起我已经有意决定学习政治学。

118

在中学时代，有没有让你感觉厌恶，以至于要逃避的领域？还是你好奇地接受了所有的课程？

我真正讨厌的是游泳课，尽管总体而言我喜欢运动。其他学科也有类似的阶段，比如生物学或化学。因此，我可以理解在某些科目中，学生想的只是尽快完成课程，或者可以不去选择该科目。

早在你作为学生的时候，你就知道你天生是一名学者，注定要成为一名教授。但你想成为一名中学教师，对吧？

是的，作为一名学生，我并不总是那么优秀。尽管我的成绩很好，我也经常当班长，但我并不是班上最好的。我记得在参加完高中毕业考试，计算最后一门口试成绩的时候，我第一次有了这个想法。然后我震惊地意识到，我只差 11 学分，就可以获得满分 1.0。这听起来很奇怪，但直到此时，我才注意到我的成绩很好。我不知道是不是从那个时候开始，我开始想要成为学者的。

但是教师是不是都很看重学生的成绩?

我想从相对的角度看待教师的问题。我已经有了从事相关研究的想法。我既想搞研究,也想教学,到今天我仍然这样想。对我来说,科研与教学息息相关,但首先我想从事教育和教学的职业。我在圣布莱森(St. Blasien)学院的夏季课程中尝试了这种组合。所以我开始和年轻人一起工作。然而我不知道这是否适合我。我观察过我们学校的教师,非常欣赏他们的专业知识和个人操守,但是我没有观察到他们和孩子之间的交流。我发现,这种事情不会自动发生。我想找到其中的原因。

你给那些在学校里备受煎熬,甚至厌学的学生们上课有什么感觉?你有没有体验过这些孩子成功的感觉?

我能看到这些孩子在茁壮成长。让人难以置信的是,在恩德雷斯的课程中,我发现了一种令人满意的教学活动。当这些孩子和年轻人在他们不喜欢的科目上取得成功、收获惊喜时,我为他们感到高兴。从今天的角度来看,我可以说,这是一个让他们感受到共鸣的时刻，他们探索了世界的一部分。
所以当我能观察到自我效能感的时候，当我看到孩
子们对自己感到惊讶，并能听到他们的声音时，也
许我也自然地得到了共鸣理论："伙计们，我能做
到。万岁，我成功了!"

　　人们对这些孩子的期望越低，这种影响可能会越强
烈，最重要的是，这些孩子自己完全没有想到？

120

　　这正是我后来在纽约的经历。我在那里完成自
己的任教资格考试后住在国际之家（International
House）。它是一所为优秀学生、博士生和准优秀学
生开设的机构。国际之家的概念来自"东哈莱姆辅
导计划"①，也就是说，我们帮助处境不利的儿童完成
家庭作业，主要是哈莱姆区的有色人种。这些孩子
的反应对我来说也是成功的亲身经历。

---

①　东哈莱姆辅导计划（East Harlem Tutorial Program，简称 EHTP）
　　是一个致力于推动种族平等和教育公平的社区非营利组织。自
　　1958 年成立以来，EHTP 通过提供学业辅导、课外活动和大学预
　　备服务，帮助低收入家庭的学生克服教育上的不平等，助力他们
　　实现学业成功，并为个人成长提供宝贵机会。——译者注

这种个人成就体验也是你工作方式的一个很好的例子。你为他人的成功感到喜悦。你自己是一位成功的学者，经常出现在媒体上，并被邀请参加重要的大会。"成功"对你来说是一个非常矛盾的概念，但问题是：在你的一系列成功中，什么是特别突出的成功经历？

是的，在我的职业生涯中，已经取得了一些可以被称为巨大的成功。令我特别惊讶和高兴的是，我关于加速的著作在德国和法国都成为畅销书。在法国，我甚至登上了《世界报》(*Le Monde*) 杂志的封面。这已经是成功的时刻，这确保了我在公众面前的知名度，当然也让我感到高兴。此外，联邦总统高克邀请我陪同他访问法国，我后来在斯图加特施莱耶大厅举办的德国基督教大会上与他进行过讨论。但我倾向于将他们和专业活动联系起来。我当然对此感到高兴。但事实上，我在其他与我的职业活动无关的经历中体会到了更强的成就感，例如在教堂服务中演奏管风琴。人们事后对我第一次为教堂的服务赞赏有加时，我发现我很满意，因为在这项活动中，我根本不是一个专业人士。

121

这会让你感到有点骄傲吗?

我经常想:如果在生命的尽头我会为某件事感到骄傲的话,那或许不是由于某本书的成功,也不是由于任何公开露面,而是发生在德国中学生学院。这几年夏天,都会有一个由 110 名年轻人组成新的"群体"。他们的兴趣各异,在几周的交流中,共同完成一些事情。我真的很自豪我能够应对这个特殊的挑战。一位同事曾经称赞过我,在她看来,我做的事情就像在学院启动时向空中扔碎片,而在结束时,桌子上出现了一个花瓶。

作为共鸣的感谢

"付出的同时也能收获回报……"

在共鸣关系中，感激是一种基本态度，人们可以在这里感受到互惠互利。在研究共鸣教育学的过程中，我与教师们进行了多次接触和交谈，他们接受了学校是共鸣空间的倡议，让我充满谢意。我真诚地感谢这些回应，也（尤其是）感谢他们提出的批判性问题。我要在书中以一种特殊的方式感谢一些人：

弗兰克·恩尔哈特，贝尔兹·尤文塔（Beltz Juventa）出版社教育学／继续教育总监。他提出了"共鸣教育学"这个概念，并为这个题目提供了最初动力："教育的共鸣直击要害"。很高兴能够看到并感受到他对本书成功的信心。

尽管日程繁忙，但是罗萨教授还是拨冗与我见面，并谈论他的共鸣教育学。这本书能够与他的著作《共鸣》一起在苏尔坎普出版社（Suhrkamp）出版，并用于教学实践，得益于我们长期的友谊。

在与罗萨的对话中，其他朋友提出的问题和评论激励着我们：

约阿希姆·鲍尔（Joachim Bauer）教授、博士，著名的医生和神经科学家，他本人也是共鸣研究的先驱。我们是多年的朋友，他帮助我们更好地融入了作为共鸣空间的学校之中。

娜塔莉·克纳普（Natalie Knapp）博士，是哲学家兼作家，我们就她的新书《无尽的时刻》（*Der unendliche Augenblick*，Rowohlt 出版社）交换了意见，她关于世界关系的提问令人兴奋，给我提供了宝贵的动力。

克里斯多夫·冯·阿舍拉登（Christoph von Ascheraden）博士向我讲述了他在喀麦隆志愿工作期间所经历的令人印象深刻的共鸣经历。他给我带来了一张照片，作为孩子们闪亮眼睛的例证。

米夏拉·布罗姆（Michaela Brohm）教授和博士是动机问题研究者，也是特里尔大学的院长，他发展了"中学积极心理学"。通过我们在研讨会和讲座上的合作，我发现了许多"中学积极心理学"与共鸣教育学的联系点。一次经历特别清楚地表明了这一点：在一次活动结束时，布罗姆夫人用大提琴即兴演奏了维瓦尔第的作品，而我则背诵了康拉德·F.迈耶[①]的诗歌《罗马喷泉》（*Der römische Brunnen*）。付出与回报的共同作用是共鸣的特殊形式。

海克·格拉斯（Heike Gras），我们可爱的编辑，她对文本的处理如此敏感和尽职，以至于我一直对她提出的准确问题和建议感到惊讶，她提供了愈发清晰的陈述。我很高兴她选择了合适的、具有艺术天赋的主题照片。

雅克布·霍赫莱茵（Jacob Hochrein），贝尔兹出版集团的新闻官，他就在何地以何种方式展示"共

---

① 康拉德·F.迈耶（Conrad Ferdinand Meyer，1825—1898），瑞士作家。——译者注

鸣教育学"提出相关建议。为此我首先向他表示感谢。

最后，我要非常热烈地感谢贝阿特·恩德雷斯（Beate Endres），我亲爱的妻子在假期里给了我充满理解的反馈，所以哈特穆特·罗萨的对话记录对我来说是一本激动人心的假期读物。

谢谢您，亲爱的读者，谢谢您与我一起研究共鸣教育学。祝愿您在学校共鸣空间获得成功，获得更多的共鸣关系，获得更多积极的共鸣体验。

沃尔夫冈·恩德雷斯

词汇表

回应关系（Antwortbeziehung）

共鸣关系是一种回应关系，即主体从世界获得答案，用自己的声音说话，然后再对世界做出反应，因此共鸣体验可以被理解为对话关系。这是一种区别于回声的对话性交流。它不是反射相同的内容，而是在相同的经历之后，引发差异。

融合（Anverwandlung）

融合意味着将世界的某个部分作为质料化用（aneignen），在这个过程中主体会发生改变。主体加工和处理质料，与此同时，被加工过的世界部分也发生了改变。相比之下，纯粹的化用只意味着吞并（einverleiben）、控制或支配。

民主协商的自主—家长制（Demokratisch-deliberativer Auto-Paternalismus）

民主协商的自主—家长制一方面区别于专制家长主义（autoritärer Paternalismus），另一方面又区别于市场家长主义（Marktpaternalismus）。专制家长主义意味着有人能决定什么对我们有利。例如，父亲说："不，你晚饭前不能吃冰淇淋，这对你不好！"在一个自由的现代社会，我们不希望出现这种有人告诉我们如何生活的专制家长式作风。但也有一种市场家长式作风，即没有人告诉我们如何生活，但市场力量和趋势在行动者背后起作用，迫使他们采取实际上不想采取的行动。这样一来，我们可以拥有民主，但这需要在协商的方式层面达成一致。也就是说，我们可以共同思考，并协商出结果。例如关于商店关门的固定时间或者周日商场是否开门的问题。这样一来，我们就能摆脱原本难以摆脱的限制。

共鸣倾向（Dispositionale Resonanz）

共鸣倾向是主体对世界的积极态度。这意味着

主体愿意参与共鸣关系，以开放和自信的态度面对
世界，并接受必要的脆弱性。

异化三角形（Entfremdungsdreieck）

异化三角形描述了一种失败的教学情况，教师
和学生都可以从日常生活中感知到这一点。在这种
情况下，教师觉得他们无法触及学生，他们会以对
抗性的态度处理教材；学生们觉得教师根本看不到
或不喜欢他们，他们觉得这些教材很无聊，课程因
而变成了一场战争。

冷漠模式（Indifferenzmodus）

冷漠模式以冷漠为形式描述主体与一件事或一
个人的关系。例如，如果有人表达了一种感觉，认
为某件事对他或某个人来说没有任何意义，对于认
为没有意义的个人来说，这就是冷漠模式。

轻推（Nudging）

轻推是一种策略。在这种策略中，人们试图通

过细小的激励措施，轻轻推进（nudges, Stupser），引导人们朝着有利的方向前进。

自相矛盾的表演（Performativer Selbstwiderspruch）

当有人用自己说话的方式反驳自己时，表演性的自我矛盾就存在了。当他喊道："我没有尖叫！"时，就体现了他言行的自相矛盾。

倾向（Prädisposition）

倾向是指已经领先于当前关系、行动或经历的偏好或取向。如果一个人对某个科目有负面倾向，比如数学，那么共鸣成功的概率相对较低。相反，在这些领域发展出积极倾向的人（见共鸣倾向），更有可能经历共鸣。

排斥模式（Repulsionsmodus）

除了冷漠模式和共鸣模式之外，排斥模式是体验世界和与世界相关的第三种方式。在排斥模式下，人们面对带有敌意的对抗，单方面地拒绝和关闭。

126

人们有一种感觉，世界、其他人，甚至自然事物都会对人们怀有敌意，人们自己也必须战斗。也就是说排斥是建立在相互拒斥、抵制和敌意基础上的世界关系。

共鸣轴（Resonanzachsen）

共鸣轴是能让主体反复体验共鸣的稳定关系场。每个人都有不同的共鸣轴：对一些人来说可能是体育运动，对另一些人来说可能是音乐、宗教或政治承诺。尽管共鸣轴因主体而异，也因文化而异，但它们在一个人的生活中具有相对稳定性。

共鸣线（Resonanzdraht）

当共鸣关系建立或形成时，"线"开始发热，眼睛发光。这导致了强烈的互动关系：有什么东西抓住了我们，打动了我们，我们与它们有了联系。在主体和世界之间产生了一条可以发光发热，但有时也会断裂的线。

共鸣三角形（Resonanzdreieck）

共鸣三角形描述了一个成功的课程或情境，它与异化三角形正好相反。在共鸣三角形中，三个共鸣轴之间是稳定开放的，这意味着教师和学生能够相互影响和激励。双方都对教材感兴趣，不仅能化用它，而且能够与它融合。

共鸣窗口（Resonanzfenster）

一个人的眼睛是他的共鸣窗口。发光的眼睛表明是否形成了共鸣三角形。通过眼睛（通常也通过声音），人们可以看到一个人当前的世界关系是如何构建的。在眼睛发光的地方，在眼睛最明亮的地方，世界关系就会液化，有时会以眼泪的形式。世界关系的液化就是融合的开始。

共鸣模式（Resonanzmodus）

127

在共鸣模式下，我们的世界关系之所以成功，是因为已经发展起来了共鸣关系。世界的某个部分对我们说话，我们与它们接触。与此同时，我们体验到了自己可以改变或实现一些东西，我们体验到了自我效能。自我效能感是进入共鸣模式的必要前提。我们不仅被触动或改变，而且我们自己也可以有效地触碰这个世界，并留下自己的足迹。

世界关系（Weltbeziehung）

世界关系不仅是共鸣理论的一个基本概念，也是教育发生（Bildungsgeschehen）的基本概念。教育过程以积极的方式建立主体与世界之间的关系，在每种情况下处理的"世界教材"（专业）都是为了让孩子或学生能为之发声。主体与世界的成功关系是教育成果的决定性标准。世界关系的质量可以通过共鸣、排斥和冷漠等概念来定义。

"长高一头"或"成功的语法"：教育教学共鸣场域的实践

莱因哈特·卡尔 [①]

哈特穆特·罗萨在慕尼黑的一家室内剧院举办 128
的戏剧梦想学校（Theater träumt Schule）中讨论了共
鸣。[38] 一群年轻人参与其中，他们在暑假期间参加了
为期三周的德国中学生学院课程。[39] 人们很少能在舞
台上见到如此高昂的热情。一个男生高声说：我们
在三周内学到的比整个高中都多。夸张吧，许多坐
在前排的人在想，这是些理想主义的年轻人。

不，这种高昂的热情不是亢奋（Euphorie）。它
不会持续好几年。这当然不是肆无忌惮的理想主义。

[①] 莱因哈特·卡尔（Reinhard Kahl, 1948—　　），德国著名记者，
教育学研究者和作家。——译者注

这些学生[40]好像受到了感染。他们经历了在学校中无法体验，或意外认识到的事情。如果对他们在夏天的经历做总结，他们现在在大学里非常怀念的是这件事：全力以赴（Intensität）。

他们讲述了学院在假期中一直占用着学校，因为半夜两点学校宿舍仍然亮着灯，所以警察巡逻队晚上在学校门外巡逻。"我们不会忘记这几周。"有人愿意称之为"积极的创伤"。梦想会如何影响这群年轻人的人生呢？

年轻人们又见面了。他们只能参加一次德国中学生学院。他们想之后再参与一次，因而几周之前就开始摩拳擦掌。[41]

不仅气氛如此，每年有 650 名年轻人参加的七所中学生学院的成果同样巨大，尤其是如果你在几年后问还剩下什么的话。这三周改变了许多人的生活，他们还携带着"病毒"（Erreger）。学校和大学需要这种感染。大脑研究者、德国人民研究基金（Volkes-Studienstiftung）的长期主席罗特（Gerhard Roth）并没有危言耸听，他预言说："只有在离开学校五年后，学生仍能够掌握的知识才真正有意义，但是现在学校系统的绩效，正在趋近于零。"[42]

与普通的学校不同，德国中学生学院并不直接追求成绩，尤其是不去追求好成绩或学分。但也许这就是成功的原因。事情本身变得很重要。人，以及人与人之间形成的共同体（Gemeinschaft）变得格外重要。

参与者不想停止在慕尼黑室内剧院（Münchner Kammerspiele）已经持续三周的讨论，就好像他们想说服自己和观众，这场经历并非幻觉。因为不知何故，这个故事不符合通常关于学习、学校和教育的理念。

罗萨在中学生学院 2016 年项目手册[43] 中写道："也许只有你体验了这所学院，才能了解在这样一个安全区里发生了什么。"

所以我到了那里，想在那里拍摄电影，让更多人知道其中的秘密。但拍摄要明年才能开始。首先，我想在没有摄影团队的情况下探索中学生学院。2016 年夏天，罗萨第 19 次领导了德国布伦什威克的中学生学院，这是德国的七所中学生学院之一："对我来说，这是一年中最重要的几周，"他说，"也是最美丽的几周。"一位曾阅读过罗萨同年出版的《共鸣：世界关系社会学》[44] 的参与者认为，他终于明白了为什么学院运行得这么好。这本书包含了共鸣概念和整个共鸣理论。"不，"罗萨笑着回答，"正好是相反的。只是因为我每年夏天都会参与这所学院的活动，所以我近二十年来才能够写这本书。"

我到达位于布伦什威克的青年村克里斯多夫中学（Jugenddorf-Christopherusschule）时，正赶上这里的茶歇。我一进来就听见一名学生说："我想把这些可爱的东西都带回家。"仅仅看看年轻人和教师的脸就是一种评价。前几天晚上工作时间很长，睡眠时间很短，最后天都亮了。

这是因为德国中学生学院是一个"天才项目"吗？它是由捐助者协会的一个子项目"教化和天赋"（Bildung und Begabung）组织的，就可以说这是一个支持天才中学生的基金项目么？哈特穆特·罗萨否认。它将适用于所有其他年轻人。最重要的不是天赋，也不是成绩，而是产生共鸣的能力。"每个人都很有共鸣！"这种无条件的欢迎隐含了挑战，即挑战人们的内心。事实上，挑战人们内心的东西是个好主意。当然，这种"无条件"蕴含着许多东西，即使它只是处于休眠状态。"热情，"罗萨说："比智力更重要。"

130

与此同时，在选择参与者时，德国中学生学院更多关注的是承诺、兴趣和个性，而不是好成绩、学业成功或智商。"当你被允许犯错误时，令人惊奇的事情会出现，人们不会隐藏错误，而是将错误作为来源，"他说："每个人在尝试了解世界时都会犯错误。"完美是一剂不应该进入流通的麻痹毒药。

学习不是为了复制而去扫描教材。传媒研究者、大学教师伯恩哈德·珀克森（Bernhard Pörksen）描述了一种态度："我有一位学生具有典型性，他兴趣盎然、行为友好，然而对我说：'不用跟他们谈论这么多事情，只需要立即告诉他们，要考什么，那就学什么。'"[45]这样做能否将世界化用？

现在经常被称为"过度学习"[46]的态度发生在一

种无菌的、真空的环境中，尽可能不受原始的、有缺陷的个体影响，不被充满矛盾的世界影响，就像有硬盘的录像机在运行回放功能。关系似乎并不重要，什么也不会发生，因而什么也不必坚持。

布伦什威克的年轻人很高兴终于能和志趣相投的人在一起。"这是我一生中最美好的日子，"一位女孩说。"仅仅几天后，这里的每个人都长高了一头。"另一位补充道："每个人都对这里很感兴趣。"在学校，她的大多数同学都是冷漠的。让她难过的是，她对学校的科目不感兴趣。尽管如此，她还是学校的"好学生"。对于大多数"好学生"来说，学习只是为了成为第一。"那么他们之间就会有激烈的竞争。"她也不喜欢这样。

那么中学生学院又是怎样运行的？是每个参与者提前选择六门课程中的一门。在三周内只修一门课程？这对于有 13 门科目的九年级高中生来说是陌生的。这些学院课程不是历史、物理或德语等普通科目，而是由一系列连字符组成的科目组成，有大量的教材供学生和教师使用。

这些课程被称为"图表上的游戏""像素和功率谱""经济思想史""精英""数字时代的新闻道德"和"好英雄，坏英雄"。[47]课程讲师是年轻的科学家，他们中的许多人曾经是中学生学院的参与者。

物理学家汉斯-彼得·杜尔（Hans-Peter Dürr）曾经提出被描述为"T"的方法，T形的垂直线不断深入，并不断增长；这座垂直的柱子上是一个宽阔的屋顶，视野开阔。这种方法可以通过专注于一个主题来实现。

131

关于像素和功率谱的课程讨论奇妙的图像，包括哈勃望远镜拍摄的太空图像或原子表面的隧道光栅显微镜的图像。这些图像由数据转换形成，它是关于"卷积滤波器"（Faltungsfilter）、"直方图"（Histogramme）和"图像转换"（Bildtransformationen）的课程。两位物理学家主持课程，其中一人也是一名拥有博士学位的计算机科学家。另一位教师的研究方向是弦理论，目前担任慕尼黑大学主管科研校长的顾问，以改进物理学研究。在课程结束时，参与者要将数据转化为图像。

《好英雄，坏英雄》课程介绍了文化研究的成果。课程讨论了善恶叙述的变化。原本清晰的恶犯与良探的区别被多次折叠。犯罪者的动机通常是可以理解的。环境是罪魁祸首之一。刑事调查人员也并非没有可疑的动机，因为他们在阴暗环境中过着双重生活。该课程由一名文化学者和一名导演主持。以科学的方式研究电影、小说和电视剧，课程最后，参与者要撰写戏剧和电影片段。

跨界的对话很有趣，人们愿意将之称为哲学。它好像由阿尔伯特·爱因斯坦当导演。他的格言是，新发现的背后通常隐藏着一个更大、更奇妙的谜团。卡尔·弗里德里希·冯·魏茨泽克 ① （Carl Friedrich von Weizsäcker）写道："人们不应该说物理学解释了自然的秘密，而应该说它引导人们探索更深层次的秘密。" [48]

诺贝尔奖获得者维尔纳·海森堡 ② （Werner

---

① 卡尔·弗里德里希·冯·魏茨泽克（Carl Friedrich von Weizsäcker，1912—2007），德国物理学家、哲学家。——译者注

② 维尔纳·海森堡（Werner Heisenberg，1901—1976），德国物理学家。——译者注

Heisenberg）曾写道："如果我们能够在我们这个时代的精密自然科学中谈论自然图像，那么它实际上就不再是自然图像的问题，而是我们与自然关系的图像。"[49] 学习和研究是关系网络中的活动，伟大的学者会反思这些关系的本质。这正是布伦什威克的参与者们正在做的事情。

这种跨界的对话要归功于暑期学校的特殊编排。除了课程之外，还有合唱团、室内乐、戏剧和体育等"课外活动"。"翻转"（Rotation）很特别。课程的参与者尽最大可能向其他人解释他们正在做什么。然后就是宝贵的休息时间。你知道，会议和讨论往往是最富有成效的。由于没有固定的结构，它是相对开放的。

但最重要的是：不能抄袭，即使是清晰且无可争议的知识也不能抄袭。一切都必须被融合。道路很少是直的，就像参与者本身一样。康德对此曾有一种独特的解读：人是一块弯曲的木头，永远无法变直。我想补充一点，除非那块弯曲的木头被刨得很彻底，几乎没有留下任何自己的东西。

132

年轻人沉浸在一种让他们做自己的氛围之中。对自己存在的确认（Lizenz zum Sein）是转变（Werden）不可或缺的起点。对于学习而言，也是如此。转变是自相矛盾的。只有通过转变，你才能成为自己。对此人们常常只是猜测。

存在，除了其内在方面，还有面向世界的外在一面。它是在深层次的课程中被体验到的，但不是作为"教材"来教授的。在这个世界上，人们不仅要围观，还存在其中。世界是复杂多样的，它等待被发现，又充满了秘密。到处都是惊奇的"啊哈"，都给人似曾相识的感觉（Déjà-vus），然后又变得陌生和不可理解。它总是丰富的（komplex），但不一定很复杂（kompliziert）。[50] 也许这就是今天要发现和分析的教育矛盾：占主导地位的讲解（Vermittlung）与仍然罕见的、总是大胆的、但无与伦比的更富有成果的存在和经历之间的区别。难道现在不是教育工作者放弃"教材"，把这个词留给经销商的时候吗？

在布伦什威克关于知识的讨论很有启发性。在教育机构中，"无知"通常是指"暂时还不知道"，即"我们稍后会了解"。相当多的儿童和年轻人直观地认为，一个世界是完备的，原则上也是完全可复制的。教育对他们而言是一种俗套（Trivialisierung）和强加，他们已经失去了兴趣。他们错过了与世界的对话关系，也错过了与他们的对话。他们厌倦了现实的单一意义。益司特·彼得·费舍尔（Ernst-Peter Fischer）用一句话表达了这种复杂性："孩子们来上学的时候，在审美上保持着好奇，对概念感到无聊之后，就被送回了家。"[51]

知识不是很像无知海洋中的岛屿吗？无知不是随着知识而增长吗？我们从这片海洋中获得的知识孤岛越多，到海滩上的小路就越长。

知识不是世界的回声，而是像穿过棱镜的光一样破碎。如果不能实现世界（Weltverwirklichung），就无法实现自我（Selbstverwirklichung）。如果在教育的规划中没有世界，就会缺失主体。他们试图在无知中吞噬自我，或者像那喀索斯①（narzisstisch）一

---

① 古希腊神话，那喀索斯（自恋美少年）因为迷恋自己的倒影，枯坐死在湖边。——译者注

133　样自恋地养活自己。这些都不可能成功。

　　在已知和未知之间的海洋中，永远不会有固定的大陆。哈特穆特·罗萨用一个关键词来形容：不受掌控（das Unverfügbare）。原则上，这是每场戏剧都不会写的一章，可以称之为留白（Lücke），根据日本传统的思维方式，人们可以依据当下的清醒认识，从留白之中获得新知。[52] 人们在布伦什威克的中学生学院体验到的正是这种清醒的当下。

　　罗萨认为这类实验室的理想规模是 90 至 120 名参与者。2016 年夏天，布伦什威克有 94 名年轻人和 13 名讲师，每门课程有三名教师，其中一位是合唱教师。这种规模在民族学研究和卢梭的民主概念中都被认为是理想的，它同时兼具了多样性和可管理性。

　　成功的教学安排体现为"无目的"悖论（Absichtslosigkeit）。举一个例子：威斯巴登的海伦·兰格学校（Helene-Lange-Schule）是 PISA 考试之后进行转变的先驱学校之一。这所学校在 PISA 考试中被评为优秀，尽管——或者因为——它偶尔会上一些来源于戏剧的专业课程。当时的校长恩贾·里格尔（Enja

Riegel）的一句话广为流传："那些经常表演戏剧的人数学也会变得更好。"这对其他想在数学方面变得更好的学校来说也很有吸引力，也许只是想在数学考试中变得更好。尽管这些人不会减少数学课，但戏剧表演不断得到加强。但最终他们的数学成绩并没有什么改变。为什么？因为只有当你充分而热情地表演戏剧，即为了戏剧而表演戏剧时，戏剧才会对数学"起作用"。去玩吧！另一方面，如果它被简化为一种达到效果的手段，那么戏剧就失去了它美妙的附加作用。它失去了共鸣。

　　获得成功的途径可能是放弃目标—手段关系（Zweck-Mittel-Relationen）的支配。也许秘密就在于这种漫无目的？这让人想起歌德的智慧，直到威廉·布什①（Wilhelm Busch）才真正为人所知："心怀鬼胎，惴惴不安。"（Man ahnt die Absicht und ist verstimmt.）也许过于刻意是教育者的原罪？教师的过于刻意难道不会让学习者感到不安吗？激进的教

---

① 威廉·布什（Wilhelm Busch, 1832—1908），德国诗人、画家。——
　　译者注

师是否会激发免疫系统，或者最终会对抗并削弱学生的免疫力？或者说另一方面，如何才能把学生变成共鸣主体？

也许只有当你首先理解故事的重要性再讲述故事时，共鸣的丰富性和多样性才会变得清晰。它从来都不是理论阴影下的"故事"，也不仅仅是理论的证明。

我想更详细地讲述一个音乐家如何在没有教学任务和教育意图的情况下，来到一所学校并改变它的故事。这是一个来自不来梅奥斯特霍尔茨-特内弗区（Osterholz-Tenever）的故事，我已经观察了几年，并与我的摄像团队一起记录了这个故事。不来梅城市乐团（Stadtteiloper）在那里演出已有多年。2015年，已经是这个活动的第五年了。参观者无不感到难以置信。

首先是奥斯特霍尔茨-特内弗区，这是不来梅城郊的一个区，20世纪70年代就有火柴盒子式的住宅（Wohnsilos）。60%的居民依靠所谓的"哈兹四号"失业金（Hartz IV）生活。他们来自90多个国家。

每两年，这个地区就会竖起一个六顶帐篷，比布士马戏团（Circus Busch）的帐篷还大。它周围是一个帐篷集市，为歌手和音乐家提供服装和技术。帐篷里可以容纳1000名观众。演出门票早早售罄。舞台上和舞台后面有500名东区综合中学（Gesamtschule Ost）的学生和教师，以及德国不来梅爱乐乐团的专业音乐家。自2007年以来，学校一直与他们是邻里共同体（Wohngemeinschaft）。此外，还有来自地区的专业歌手和志愿者，例如来自妇产中心、社会工作团体、警察局和消防队的工作者。这个乐团是一部共同完成的艺术作品，是一个社会的雕塑。这个乐团是一个可以影响后来的事件，是真正的共鸣奇迹。

演出前会进行数周的排练。参加演出的学生在首映前的最后几天没有课。由于奥斯特霍尔茨-特内弗人的原籍国不同，这些歌剧近年来以不同的民族文化作为内容来上演。这次是越南文化。卡斯滕·冈德曼（Karsten Gundermann）为此创作了歌剧《龙子和神女》。他曾在中国工作了几年。专业演员还有导演尤利娅·海布勒（Julia Häbler）和歌手阮丹诗（Dan Thy Nguyen）、阮庆（Khanh Nguyen）。一些学生演奏自制的古老亚洲乐器。你已经可以看到，这里有很多故事，在发展故事之前，应该回溯故事。

不仅拥有故事，而且成为故事意味着什么？尽管每个故事都像素数一样独特，它们有共同的语法，让它们能发生共鸣。每个故事本身就是一个共鸣体。没有故事，就没有共鸣。

故事通常是从某种反常开始的。这可以从智慧的怀疑论者奥多·马夸德①（Odo Marquard）那里学到。故事不按计划进行。一个故事以一种障碍、一种错误、一种突变开始，甚至以某种东西或某人的干预开始，"就像我妻子的出现一样，"这位哲学家写道。在他认识她之前，他无法计划她。根据马夸德的说法，"只有当一个受监管的过程或计划的行动发生了不可预见的事件时，他们——故事——才能被讲述。"53 仅此而已。问题和错误是新事物诞生的

①　奥多·马夸德（Odo Marquard，1928—2015），德国哲学家。——译者注

原材料，但前提是你要利用它，培养它，不要把它视为一种干扰。

这所学校和世界级管弦乐队不同凡响的共同合作，只是众多历史中的一段。不来梅爱乐乐团（Deutsche Kammerphilharmonie Bremen）2007年进驻不来梅东区综合中学之前，一直在为排练、录音和音乐会寻找场地。恰好当时这所学校正在维修。由于学生人数下降，学校的一部分将被拆除。乐团总经理阿尔伯特·施密特（Albert Schmitt）记得在他第一次参观学校的时候，看到大楼就想转身离开。这里，不行，不可能在这儿。但一位管弦乐队董事会的同行音乐家说："我们至少进去一下吧。"

最初，不来梅爱乐乐团被称为德国青年爱乐乐团（Junge Deutsche Philharmonie）。它于20世纪80年代初在美因河畔的法兰克福成立，是音乐学院毕业生的过渡通道，用于被管弦乐队聘用之前的训练。然而，音乐家们很快就发誓永远不会在独裁者的指挥下演奏。他们不想成为工具人。他们决定团结在一起。他们想根据音乐的性质选择自己的指挥。目前，来自爱沙尼亚的帕沃·亚维（Paavo Järvi）与他们一起在亚洲大都市、纽约和不来梅-奥斯特霍尔茨-特内弗演出。

管弦乐队只得到少量资助。它属于音乐家们。你也可以说，他们是创业者。从一开始，安全与风险、成功与失败的平衡是他们的代表特点。这样的模式把他们带到了中学。他们演奏一些爵士乐。他们不是简单的执行人，因为倾听他人和自己演奏几乎同样重要。所以这些作品一次又一次地被创造出来，每次都有点不同。这是声音的奇迹。

但是，今天已经是世界级的管弦乐队又是如何进入不来梅郊区的一所学校的呢？我们继续讲这个故事。当法兰克福取消了对管弦乐队的支持后，他们被吸引到不来梅，就像城市音乐家曾经做过的那样。"到处都有比死亡更好的东西。"

多年来他们在不来梅的活动场地一直是临时的。当该市提供正在翻新和重建的学校的一部分使用权时，学校已经组建了音乐特长班。弗兰茨·杨史克（Franz Jentschke）退休前曾长期担任校长，他创造了

136

确定性，让人们敢于进入未知领域。确定性就是要为不确定性创造可能。最后成功了。当声学专家的测量表明，礼堂可以变成一个好的音乐厅，也可以录制 CD 时，这里便达成了一个承诺。与此同时，在那里录制的几张 CD 获得了认可度很高的回声古典音乐奖（Echo-Klassik-Preis）。该乐团在纽约和韩国都很受欢迎，还在日本被列为世界十佳乐团之一。

音乐家们改变了学校和社区。几乎没有学生是带着乐器来到这所学校的，但现在他们中的许多人都表演得很好。这不仅要归功于管弦乐队，还要归功于音乐厅中的音乐老师。表演已经不再是学校的课程，而是艺术。人们以艺术的标准要求自己，所以没有人会迟到，熟练之后他们就能对外演出了。学生们不再是学生，他们是艺术家。

一年之中，学生和教师与专业人士一起表演《生活的旋律》（*Melodie des Lebens*）两次。除了城市乐团，《生活的旋律》是这个不同寻常的社区出现的另一个伟大故事。例如，学生们展示了巴克斯特胡德（Buxtehude）的一段吹奏乐，热情地用琴弓敲击琴弦。孩子们不费吹灰之力演唱他们自己的作品。观众们受到触动,激动地离开了音乐厅。在《生活的旋律》中,教师乐队"热师"(Hot Päds)多年来也独具特色。

《生活的旋律》也有其独特的故事,而且是一个不断传承的故事。一开始,室内乐小提琴家弗雷德里克·拉茨科(Frederike Latzko)与钢琴家、作曲家和歌手马克·谢贝(Mark Scheibe)偶遇。弗雷德里克是一个受过古典训练的优秀音乐人,马克是一个自学成才的聪明人,他在毕业前辍学成为一名音乐家。又是老生常谈的故事。他们想出了一个主意,要求学生们写歌,然后修改数周,最后在不来梅爱乐的音乐厅表演。音乐厅在改造之前,是可以容纳500名观众的学校礼堂。例如他们曾经表演了一首六年级学生马尔特创作的乐曲。[54]

"我无法安静,我想为你做一切,我想和你环游世界,你是世界上唯一一个让我着迷的人。"

然后是合唱:

"开灯,关灯,哪里是中间?"

137

最后是两位来自六年级的歌手的合唱：

"开开关关，你会开心。"

当然，马上就会被问到的问题是："如果因为'城市乐团'和《生活的旋律》减少了英语或数学课程，学生的学习时间够么？"学校管理部门的安奈特·吕格博格（Annette Rüggeberg）说："学生们成功了。""他们用更少的数学和英语学习时间来做这件事，但是减少并不意味着质量会变差。质量也来自触碰，来自对音乐的热情。"他们跳过了许多冗余步骤。

当然不能仅仅依靠热情，热情也不是一直都有。每个艺术家或创意人士都知道失去热情的低谷，你会诅咒自己怎么会开始做这件事，你经历了炼狱。演出前，奥斯特霍尔茨-特内弗的许多儿童和青少年都认为自己快要死了，但是最终他们又重生了。

证书和毕业率可以证明这种积极影响：在2011年至2014年的学年中，除了两名重病患者外，所有十年级的学生都顺利毕业。安奈特·吕格博格说：

"尽管有城市乐团和《生活的旋律》,"并立即纠正自己:"不是尽管,而是'因为','因为!'"许多人在东部综合中学完成了他们的大学入学考试。

阿尔伯特·施密特以低音提琴手的身份加入了爱乐乐团(Chamber Philharmonic),现已经成为乐团总经理:"乐团的特点就是让每个人面向界限,超越极限。每个人都会感受不同的极限。每个人都会经受痛苦。这不是认知上的,而是躯体上的。"身体和心灵、痛苦和激情的联系,对极限的体验及其超越构成了一种可持续的教育体验。有人想引用布莱斯·帕斯卡 ① 的话:"人的超越无极限。"(Der Mensch übersteigt unendlich den Menschen.)

这个奇迹的成功在于,所有参与者都愿意参与一个失败率较高的项目,尤其是在第一次演出时。幸运的悖论是,允许失败的项目比必须成功的项目的失败率更小。重要的是要允许恐惧的存在,而不是因为恐惧而离开赛场。否则更容易导致虚张声势、

138

---

① 布莱斯·帕斯卡(Blaise Pascal, 1623—1662),法国哲学家。——译者注

回避、被动和僵化。

当室内乐乐团搬进学校时，学校已经有了音乐特长。与此同时，没有一个班没有自己的特长，艺术、德语、戏剧，还有体育。不来梅的学校发生了文化变迁。一进学校，人们就能感觉到。墙上到处都是图片。没有一点空白。同样令人信服的是一位前不来梅教育参议员为他的学校访问发明的测试：先去上厕所。

文化变迁（Kulturwandel）有一个意想不到的悖论：音乐家们不是来教学生音乐的。他们搬进来的原因和教育教学完全没有关系，但现在他们在那里，就在那里——他们创作音乐，他们热爱音乐。他们的巨大影响可以被描述为副作用。或者作为一种现象，即在一个不断发展的系统中，让现有元素相互作用，而教化出新事物。这是系统性的超越，或者更确切地说：是一个奇迹。

有一个思想游戏是这样的：如果一个教育规划者设计了不来梅的故事，为其编写了一份处理方法，甚至可能发布了一份计划甚至一个模型，并提出了逐步实施的建议，他是会受到嘲笑的：痴心妄想、不切实际做梦、不可能实现！思想游戏把我们引向了我们狭隘的信仰。但最重要的是，它表明了另一点：这样的故事是无法计划的。演员不是陌生概念的表演者。不来梅的数学家和混沌研究者亨泽·佩特根（Heinz Otto Peitgen）[55]，也是德国不来梅爱乐粉丝团（Freundeskreise）的主席，将这个不太可能的故事描述为一个"事先没有脚本"的过程，唯一需要做的就是实现它。学校和管弦乐队成为共鸣板。一些东西"被精心安排，形成了一种完形，在这种完形中，一个人是更伟大的东西的一部分"。佩特根对自己说："这些都是危险，但无论如何都会引发一些好的事情。"

这样一来，乐团就逐步走向公众。循序渐进，虽然与计划的逻辑有所不同，但是有自己的合理性。但是，有可能根据该计划的逻辑，为公共措施创造一个框架吗？我们需要不同于技术官僚体系的步骤。例如，神经生物学家和哲学家乌姆博托·马图拉纳（Umberto Maturana）设计的图像，描述了悬崖上的一个人：当他敢于踏入虚无时，他脚下的土地在生长。卡夫卡也有类似的经历；他描述了一个人在梯子上，他上方的梯子开裂，只要他继续向上，梯子上的横木又随着他在脚下生长。正如女诗人希尔德·多明（Hilde Domin）所说："我把脚放在空中，空气托着我。"

对于向新事物的过渡，哲学家和诗人设计了相似的意象。哲学家娜塔莉·克纳普曾经思考过这份力量。[56] 她发现结果完全存在，而且充满生命力。但是过程却没有遵循机械般的模型、功能、完美性和可预测性。这就让惊喜成为可能。

间接关系的空间会比直接履行计划更有影响力吗？满载的环境会比指令更有效吗？这不是最重要的吗？就在那里！独特、自信和归属感。每个人都有自己的故事，每个人都是他自己故事的主人公。音乐家们所做的事情对他们来说很重要。没有什么被忽略，它应该是美丽的。不来梅爱乐乐团自成立以来就一直在实践这一点。在实践一个经典的、前工业时代意义上的词。

在前工业时代，"练习"同时意味着"重复"和"变化"。这种变化取决于个人，总是从每个人独有的时刻开始，但是练习的过程被工业逻辑缩短了。重复成为练习的唯一意义。在拷贝面前，共鸣似乎是多余的、破坏性的、没有目标的。不断增强的重复练习和变异交织，就成为成功语法和共鸣教育学的重要组成部分。另一部分是开放和自信，这只会让我们不再有（别人的）故事，而是成为自己的故事。

以不来梅的故事为例，考虑相近故事中的变化，也许就算它不是与管弦乐队共享的空间，也可以是学校的工作坊拥有了木工车间、录音棚或实验室？艺术家、科学家或工匠有了自己的居所？或者为健康的养老金领取者举办工作坊？对于孩子和年轻人来说，创建让他们拥有像音乐家一般体验的工作坊，会比在以教学法构建的空间里施行看管的效果更好。取代看护的是生活的给予和索取。

儿童和年轻人应该有机会认识成年人，社会学家理查德·森内特①（Richard Sennet）所写的关于优秀工作坊的文章适用于他们：为自己做一些事情，因此想把它们做好。[57]

诺瓦利斯②曾经在他关于教育学的断章中，列举了间接效果："儿童教育不是直接的教育，而是让他们逐步参与成年人活动的教育。"歌德要求教育应该有"完善的环境"（vollständige Umgebung）。[58]教育应当从众多的机会中发展出传奇——并促成世界的不断更新。这就是今天教育争论所需要酝酿的思想。

作为共鸣空间的学校将是工作坊、实验室、工作室和演讲室。这将是一个远行的大本营，同时也有放空和练习的空间。最重要的是，用于提升的训练已经提上日程。训练也从被动的知识获取向活动迈出了一步。有了这些之后，我们难道不可能像哲学家汉娜·阿伦特③、经济学家约翰·梅纳德·凯恩

---

① 查德·森内特（Richard Sennet, 1943—　），伦敦经济学院社会学教授。——译者注
② 诺瓦利斯（Novalis, 1772—1801），德国诗人、早期浪漫派代表人物。——译者注
③ 汉娜·阿伦特（Hannah Arendt, 1906—1975），德国政治理论家。——译者注

斯 ① 和社会学家拉尔夫·达伦多夫 ② 所设想的那样，在我们文明的巨大引擎之上重建和扩建，建立一个活跃的社会？活动（Tätigkeiten）——比专业或带薪工作更广泛！这种广义的练习，至少和知识一样重要。

很多人会说很好，但效果在哪里？巧合的是同样在不来梅，在马克斯·普朗克教育研究所（Max Planck Institut für Bildungsforschung）联合组织和评估的雅各布斯四年级夏令营中，孩子们有几个小时的课程，还有充足的时间进行戏剧和休息。他们在一个月内完成了一学年的学习进度。这不是印刷错误。在一个月的夏令营中完成一学年的学习进度。研究人员约根·包莫特（Jürgen Baumert）和佩特拉·斯坦阿特（Petra Stanat）曾负责德国 PISA 的评估，他们使用了类似的科学工具研究夏令营的影响，他们自己都不敢相信这个结果。[59] 我们相信的阻碍，

---

① 约翰·梅纳德·凯恩斯（John Maynard Keynes，1883—1946），英国经济学家。——译者注

② 拉尔夫·达伦多夫（Ralf Dahrendorf，1929—2009），德国裔英国社会学家。——译者注

或是扩展我们认为可能的东西，可能是从回声教育
到共鸣教育的最大鸿沟。

讲授（Vermittlung）学校已经变成了一个磨坊，
在这个磨坊里，食物被研磨得过于精细，以至于味
道都变得不好。难怪学生们只想学习基本知识，因
为他们为此通常只需要学习一个专业。这个专业叫
作"但求及格"（Durchkommen）。这就是教育机构的
生活沦为生存的丑闻的原因。

"如果我在想做的时候就能被允许做，那么别人
让我去做的时候，我也会想去做，必须做的时候，
我也能够做到。因为我按他人要求做的同时，也必
须有自己选择的权利。"[60]①

---

① 这段话是用德语的情态动词"必须""应该""能够""允许"组
  成的文字游戏，原文为："Wenn ich nur darf, was ich soll, aber nie
  kann, wenn ich will, dann mag ich auch nicht, wenn ich muss. Wenn
  ich aber darf, wenn ich will, dann mag ich auch, wenn ich soll, und
  dann kann ich auch, wenn ich muss. Denn die können sollen, müssen
  wollen dürfen."——译者注

参考文献与注释

141 1. Dressler, B. (2007): Thesen zu einer »Didaktik des Perspektivenwechsels« . In: Zeitschrift für Religionspädagogik 6, H. 2, S. 27–31, Zitat S. 27.

2. Der Club der toten Dichter. R.: Weir, P.; Drehbuch: Schulman, T.; USA: Touchstone Pictures/Silver Screen Partners.

3. Rosa, H. (2005): Beschleunigung. Die Veränderungen der Zeitstrukturen in der Moderne. Frankfurt a. M.: Suhrkamp.

4. Rosa, H. (2016): Resonanz. Eine Soziologie der Weltbeziehungen. Berlin: Suhrkamp.

5. Heidegger, M. (2006): Sein und Zeit. 19. Aufl. Tübingen: Max Niemeyer.

6. Rosa, H. (2016): Resonanz. Eine Soziologie der Weltbeziehung. Berlin: Suhrkamp.

7. 引自: Knapp, N. (2015): Der unendliche Augenblick. Warum Zeiten der Unsicherheit so wertvoll sind. Reinbek bei Hamburg: Rowohlt, S. 188。

8. Dr. Christoph von Ascheraden am 22.07.2015 in St. Blasien.

9. Marcuse, H. (1977): Triebstruktur und Gesellschaft. Ein philosophischer Beitrag zu Sigmund Freud, Frankfurt a. M.: Suhrkamp, v. a. S. 116–126 u. S. 160–170.

10. Ellinger, S./Brunner, J. (2015): AlpTraumlehrer: Von flüchtigen Fledermäusen und multikulturellen Frohnaturen. Studierende erinnern sich. Theilheim: Gemma-Verlag, S. 75.

11. Ellinger, S./Brunner, J. (2015): AlpTraumlehrer: Von flüchtigen Fledermäusen und multikulturellen Frohnaturen. Studierende erinnern sich. Theilheim: Gemma-Verlag, S. 73.

12. 这名来自喀麦隆的儿童严重烧伤，手术难度很大。来自圣布莱森的医生冯·阿舍拉登（Christoph von Ascheraden）博士讲述了这张照片："在艰苦的条件下辛勤工作 14 天的奖励。"

13. Bauer, J. (2006): Warum ich fühle, was du fühlst. Intuitive Kommunikation und das Geheimnis der Spiegelneurone, München: Heyne, S. 107.

14. Rilke, R. M. (1899): Ich fürchte mich so vor der Menschen Wort. In: Mir zur Feier. Gedichte. Berlin: Georg Heinrich Meyer.

15. Sutterlütty, F. (2004): Was ist eine »Gewaltkarriere«? In: Zeitschrift für Soziologie 33, S. 266–284, Zitat S. 274.

16. 歌曲名：Another Brick in the Wall; 词作者：Roger Waters。

17. 歌曲名：Mad World; 词作者：Roland Orzabel。

18. Joachim Bauer am 16.11.2014 in Bad Wörrishofen.

142

19. Herder, J. G. v. (1844): J. G. von Herder's Ausgewählte Werke in einem bande. Stuttgart und Tübingen: J. G.

Gotta, S. 1099.

20. Grundl, B. (2015): Motivation durch Selbstveran-
    twortung. In: wirtschaft + weiterbildung, H. 03, S.
    32–34, Zitat S. 32.

21. Hesse, H. (1974): Ausgewählte Briefe. Frankfurt
    a. M.: Suhrkamp, S. 466.

22. Wilkens, A. (2015): Analog ist das neue Bio. Ein
    Plädoyer für eine menschliche digitale Welt. Berlin:
    Metroit Verlag, S. 61.

23. Vgl. dazu auch: McCullough, D. (2014): Ihr seid
    nichts Besonderes. Was im Leben junger Menschen
    wirklich zählt. München: Mosaik.

24. Rilke, R. M. (1899): Ich fürchte mich so vor der
    Menschen Wort. In: Mir zur Feier. Gedichte. Berlin:
    Georg Heinrich Meyer.

25. Gattenburg, A. (2015): »Zauberkraft zwischen zwei
    Menschen«. Friedemann Schulz von Thun in einem
    Gespräch mit Angela Gattenburg und Dietmar Pieper.
    In: Der Spiegel Wissen, H. 03, S. 10–19, Zitat S. 19.

26. Ellinger, S./Brunner, J. (2015): AlpTraumlehrer. Von flüchtigen Fledermäusen und multikulturellen Frohnaturen. Studierende erinnern sich. Teilheim: Gemma-Verlag, S. 95.

27. 2015 年 7 月 29 日的电子邮件。

28. Rutenberg, J. v. (2015): Zurück in die Gegenwart. In: ZEITmagazin, H. 29, S. 19. Abrufbar unter: http:// www.zeit.de/zeit-magazin/2015/29/smartphone-seymour-projects-menthal-leben-offline（最后登录时间：2015-10-22).

29. Schnurr, E.-M. (2015): Schüler und Handys: »Ich nutze das Smartphone viel. Aber es ist nicht wichtig.« Spiegel Online vom 26.07.2015. http:// www.spiegel. de/spiegelwissen/schueler-ueber-handy-nutzung-und-soziale-netzwerke-a-1042904.html（最后登录时间：2015-10-22).

30. Lübbe, H. (2000): Gegenwartsschrumpfung und zivilisatorische Selbsthistorisierung. In: Hager, F./ Schenkel,W. (Hrsg.): Schrumpfungen. Chancen für

ein anderes Wachstum. Ein Diskurs der Naturund Sozialwissenschaften. Berlin/Heidelberg: Springer, S. 11–20.

31. Rutenberg, J. v. (2015): Zurück in die Gegenwart. In: ZEITmagazin, H. 29/2015, S. 19. Abrufbar unter: http://www.zeit.de/zeit-magazin/2015/29/smartphone-seymour-projects-menthal-leben-offline（最后登录时间：2015-10-22).

32. Lobo, S: (2015): Die Mensch-Maschine: Deutschlands SmartphoneSchmach. Spiegel Online vom 03.09.2015. http://www.spiegel.de/netzwelt/gadgets/smartphones-deutschland-verschlaeft-die-revolution-ko-lumne-a-1051044.html（最后登录时间：2015-10-22).

33. Stein, A. (2015): Computer und Smartphone: Immer mehr Menschen sind kurzsichtig. dpa/Spiegel Online vom 03.09.2015. http://www.spiegel.de/gesundheit/diagnose/kurzsichtig-immer-mehr-menschen-sehenschlecht-a-1051300.html（最后登录时间：2015-10-22).

143

34. 更多内容: Belwe, A./Schutz, Th. (2014): Smartphone geht vor. Wie Schule und Hochschule mit dem Aufmerksamkeitskiller umgehen können. Bern: hep。

35. Führ, M. (2002): Humor als soziale Kompetenz. Ergebnisse eines Forschungsprojektes. In: Gruntz-Stoll, J./Rißland, B. (Hrsg.): Lachen macht Schule. Humor in Erziehung und Unterricht. Bad Heilbrunn: Klinkhardt, S. 79–91.

36. Kassner, D. (2002): Humor im Unterricht. Bedeutung—Einfluss—Wirkungen. Können schulische Leistungen und berufliche Qualifikationen durch Pädagogischen Humor verbessert werden? Baltmannsweiler: Schneider Hohengehren.

37. Liedtitel: Ins Wasser fällt ein Stein; Liedtext: Manfred Siebold.

38. http://www.adz-netzwerk.de/Resonanzen-Intensitaet-Lernen.php（最后登录时间: 2016-09-20）.

39. https://www.deutsche-schuelerakademie.de/dsa-programm（最后登录时间: 2016-09-20).

40. 学生、教师和类似的词语在不同性别之间使用。

41. https://www.cde-ev.de（最后登录时间：2016-09-20）.

42. Roth, G. (2011): Bildung braucht Persönlichkeit. Wie Lernen gelingt. Stuttgart: Klett, S. 297.

43. https://secure.bildung-und-begabung.de/download/2016/Ausschrei-bung/DSA-Programm_2016.pdf S. 7（最后登录时间：2016-09-20）.

44. Rosa, H. (2016): Resonanz. Eine Soziologie der Weltbeziehung. Berlin: Suhrkamp.

45. 个人谈话。

46. "过度学习"现在几乎是陈词滥调，我可以指出，1996 年 5 月 12 日我在《日报》中讨论了这个词，以描述满目疮痍的学习状态。

47. 关于退课事宜的网页，可以登录 https://secure.bildung-undbegabung.de/download/2016/Ausschreibung/DSA-Programm_2016. pdf S. 28–33（最后登录时间：2016-09-20）.

48. Nach Fischer, E. P. (2014): Die Verzauberung der Welt. Eine andere Geschichte der Naturwissenschaften.

München: Siedler, S. 9.

49. Buchkalender Philosophie 2017. Hamburg: Felix Meiner Verlag.

50. 令人难忘的是与物理学家彼得·卡夫卡（Peter Kafka）的一次对话，他在对话中指出"丰富"（komplex）和"复杂"（kompliziert）相对立。

51. Fischer, E. P. (2014): Die Verzauberung der Welt. Eine andere Geschichte der Naturwissenschaften. München: Siedler, S. 111.

52. 与之类似的还有我权威的日语老师和田洋子（Yoko Tawada）与曼弗雷德·奥斯滕（Manfred Osten）。和田洋子以作家的身份在柏林生活。曼弗雷德·奥斯滕在成为亚历山大·冯·洪堡基金会秘书长之前，曾在日本担任过几年的文化专员。Osten, M. (1996): Die Erotik des Pfirsichs: 12 Porträts japanischer Schriftsteller. Frankfurt a. M.: Suhrkamp.

53. Marquard, O. (2007): Die Philosophie der Geschichten und die Zukunft des Erzählens. In: Ders.: Skepsis

in der Moderne: philosophische Studien. Stuttgart: Reclam, S. 55–71; Zitat auf S. 63 f.

54. 从第一次排练到最后演出的四个月里，我和我的摄像团队参与了所有排练。2016 年夏天，关于学校和乐团改造社区，以及地区歌剧院和《生活的旋律》纪录片仍在制作中。在未来档案馆（Archivs der Zukunft）展示的《地点和地平线》（Orte und Horizonte）的部分内容可以在网站 www.adz-netzwerk.de 上找到。本文中引用的两位校长和乐团总经理阿尔伯特·施密特的对话，可以在视频文件中找到。

55. 亨泽·佩特根在不来梅创立了动态系统研究所（Institut für Dynamische Systeme）。除了不来梅，他还是加州大学圣克鲁斯分校和在博卡拉顿的佛罗里达大西洋大学的数学教授。

56. Knapp, N. (2015): Der unendliche Augenblick. Warum Zeiten der Unsicherheit so wertvoll sind. Hamburg: Rowohlt.

57. Sennett, R. (2008): Handwerk. Berlin: Berlin Verlag;

insbes. S. 54, 156, 196 f.

58. 诺瓦利斯和歌德要归功于卡塞尔的彼得·古藤霍夫（Peter Guttenhöfer）。

59. Kahl, R. (2011): Individualisierung—das Geheimnis guter Schulen. Buch mit DVD. Darin: Das Wunder von Bremen. Ein Sommercamp. Hamburg: Archiv der Zukunft und Weinheim: Beltz, S. 82 und Filmclip (DVD) Nr. 23.

60. 在瑞士的蒙特别墅（Villa Monte）学校的电话桌上发现的一张纸条。

译后记

2020 年 9 月，导师文东茅教授给我写信，告诉我当时已经为国内所熟知的德国社会学家罗萨曾经写过一本《共鸣教育学》，值得关注。于是我找到了同在南京大学工作的好友，罗萨的译者郑作彧教授，向他讨要了这本书，并第一次有机会阅读此书。出乎意料，这位以宏大理论构建而闻名于世的社会学家，竟然创作了一本对读者极其友好的通俗读本。在触碰共鸣理论的同时，我被深深吸引，也萌生了将此书翻译成中文的想法。2022 年末，经由北京大学林小英教授的引荐，我有幸与上海人民出版社的于力平老师取得联系，于老师希望可以由我来翻译这本书。一系列机缘巧合，让我有了将这本佳作呈现在中文读者面前的宝贵机会。

此书的翻译过程，也是一场共鸣营造之旅。虽然只是一本薄薄的小册子，但其中蕴含着罗萨以及诸多思想家的理论，使得翻译工作面临着不小的挑战。在翻译过程中，我参考了蓝江、郑作彧等多位研究者的作品。此外，北京大学德语系的林琳老师，好友李嘉和褚叶，以及谢雯同学和许可同学都给予了我诸多帮助，在此也特别表示感谢。当然，书中的许多概念还需要反复推敲，期望能够借此引发更多读者和研究者的共鸣。

我想把这本书送给我可爱的学生们，"被你改变的那部分我，代替你永远留在我的身边"。2021年和同学们一起共读罗萨时的景象，一直让人难以忘怀。译稿完成以后，我先后与我指导的研究生同学们一起阅读过此书。此外，南京大学"国优计划"的首届学生，以及陶行知教师教育学院学科教学专业的各位同学也和我一起阅读了译稿。翻译这本书的过程，重塑了我的教育哲学，更激发了我和同学们一同探索世界的热情。我希望和同学们一起被这个世界的丰富性吸引，倾听到这个世界多元的声音，主动地探索世界，并勇敢地发出自己更多的声音，去改变这个世界。

王世岳

于南京

2024.11.19

图书在版编目(CIP)数据

共鸣教育学 / (德) 哈特穆特·罗萨, (德) 沃尔夫
冈·恩德雷斯著; 王世岳译. -- 上海: 上海人民出版
社, 2025. -- ISBN 978-7-208-19355-0

Ⅰ. G40

中国国家版本馆 CIP 数据核字第 2025J8M092 号

责任编辑　于力平
封面设计　林　林

共鸣教育学

[德]哈特穆特·罗萨　[德]沃尔夫冈·恩德雷斯　著
王世岳　译

出　　版　上海人民出版社
　　　　　（201101　上海市闵行区号景路 159 弄 C 座）
发　　行　上海人民出版社发行中心
印　　刷　江阴市机关印刷服务有限公司
开　　本　787×1092　1/32
印　　张　7.75
插　　页　5
字　　数　98,000
版　　次　2025 年 5 月第 1 版
印　　次　2025 年 5 月第 1 次印刷
ISBN 978 - 7 - 208 - 19355 - 0/C · 733
定　　价　68.00 元

MINERVA

· 密涅瓦 ·

大师经典

人生哲思

《论人的奴役与自由》	［俄］别尔嘉耶夫 著	张百春 译
《论精神》	［法］爱尔维修 著	杨伯恺 译
《论文化与价值》	［英］维特根斯坦 著	楼 巍 译

《论自由意志——奥古斯丁对话录二篇》（修订译本）

	［古罗马］奥古斯丁 著	成官泯 译
《论婚姻与道德》	［英］伯特兰·罗素 著	汪文娟 译
《赢得幸福》	［英］伯特兰·罗素 著	张 琳 译
《论宽容》	［英］洛 克 著	张祖辽 译

《做自己的哲学家：斯多葛人生智慧的 12 堂课》

	［美］沃德·法恩斯沃思 著	朱嘉玉 译

社会观察

《新异化的诞生：社会加速批判理论大纲》

	［德］哈特穆特·罗萨 著	郑作彧 译
《不受掌控》	［德］哈特穆特·罗萨 著	
	郑作彧 马 欣 译	

《部落时代：个体主义在后现代社会的衰落》

	［法］米歇尔·马费索利 著	许轶冰 译

《鲍德里亚访谈录：1968—2008》

	［法］让·鲍德里亚 著	成家桢 译
《替罪羊》	［法］勒内·基拉尔 著	冯寿农 译

思辨万象